# 晓说 4

全球第一互联网脱口秀

高晓松 ⊙ 著

北京联合出版公司
Beijing United Publishing Co.,Ltd.

赵楚点评
第一期·Top Gun——浅谈我军新战机
001

赵楚点评
第二期·武力值大PK（上）
023

赵楚点评
第三期·武力值大PK（下）
039

张宏杰点评
第四期·刺客列传（上）
059

张宏杰点评
第五期·刺客列传（下）
075

张发财点评
第六期·民国往事——才貌双全林徽因
097

张发财点评

第七期·民国往事——最美好的两天　117

胡淑芬点评

第八期·好莱坞启示录　135

李皖点评

第九期·光阴的故事——华语乐坛30年　161

第十期·《晓说》季外篇　191

第十一期·说说心里话　209

# 第一期
# Top Gun
## ——浅谈我军新战机

赵楚 点评

最近这两年，我军的先进战斗机不停亮相、服役，有了突飞猛进的发展，歼-15的上舰，是个了不起的突破。"辽宁"号终于有了飞机，当然了，一两架歼-15上舰，距离形成真正的战斗力，还有很长的路要走。

歼-15是在新闻报道出来的那天才降到"辽宁"号上的。因为当时"辽宁"号的甲板上，密布着大片歼-15滑过时轮胎留下的黑色痕迹——歼-15降落时，被拉住以后，由于急刹车，轮胎在甲板上会磨出长长的一道痕迹。现在是从全军中挑出最优秀的试飞员，在海况等级极低的情况下——没风浪，没台风，并且是大白天、晴天，甲板还是空的，成功起降了。这跟真正要战斗的时候是不一样的，你不能跟敌人说，咱现在不打，现在有台风，下雨啊，咱等晴天，二级海况以下咱再打。还有，在甲板上布满了飞机跟弹药的情况下，要起飞跟降落，稍微降落不准，就会跑进飞机群里，弹药全会被引爆。美国航母多次发生过这种事故，尽管它已经运行了将近100年，且有非常训练有素的飞行员，严重的时候发生过十几架飞机瞬间报废的情况——就是飞机降落的时候没降准，侧着

△ 最近几年，中国的军事迷和关心国防现代化的公众非常兴奋，因为除了空军新研发的产品陆续露面，陆军、空军和其他新型装备方面消息也很多，堪称井喷，令人眼花缭乱。

空军装备之所以特别引人注目，是因为20世纪90年代初以来，纵观历次信息化环境下的局部战争，空军和空中平台都担当着独一无二的决定性角色。这也是歼-20和歼-15特别令公众期待的原因，前者作为大型隐身战机，在现代化战争中不仅是打破对方整体防御体系的破门器和突击者，也是全程保证制空权和制信息权的主角；而后者作为来自海上和由海向陆的多任务打击平台，无疑给中国军队提供了一种前所未有的潜能。假如这些装备能顺利和成功地深化和定型，并形成新型战斗力，中国军队在对比周边主要国家的未来作战能力方面，将具备决定性的优势。

第一期·Top Gun——浅谈我军新战机 赵楚点评

降下去了，在夜里撞进了机群。机群带着导弹，导弹虽然闭着锁（导弹在空中开火之前要开锁），但在高温时直接就被点燃了，导弹在甲板上乱射，又打中了对面的飞机，对面的飞机又爆炸，最后导致十余架飞机报废。

现在只是在甲板上没有飞机、没有弹药，并且这架歼-15本身也没有挂弹药的情况下，做了起飞跟降落，没有在各种海况、不分日夜的情况下降落。夜间向一个机场降落，都是一件难事儿，更别说向一艘航母降落，如果是在高海况的情况下，航母还摇晃不定，就更难了。再者，还要编队，起飞降落要快，不能一次不行再复飞，第二次不行又再复飞，必须一架架地降下来，然后一架一架地再起飞。同样的战斗机，舰载机的作战半径远比在陆地上要短，因为舰载机起飞得慢。比如同样的歼-15，在陆地上起飞是排着队起飞。前面那架飞起来，后面那架紧跟着就飞起来，如果大家看过飞行表演的话就会明白，差不多一分钟之内，一队飞机就全起飞了，在天上组成编队去战斗了。**飞机绝不可能飞起来一架，自个儿去战斗，一会儿又飞**

起来一架，等那架飞机都被击落了，这架飞机才到，那是不可能的。飞机一定要组成大编队，编好队以后，有掩护的，有长机指挥的，有僚机掩护的，才能去战斗。

美国有两则新闻值得注意。一则就在歼-15上舰之后没几天，美国最先进的，目前称作X-47B的无人驾驶舰载战斗机上舰。这是一个突破性的进展，西方认为四代机是最后一代有人驾驶的飞机，以后几乎不会再出现有人驾驶的飞机了。无人驾驶有很多优点，最大的优点是可以长时间战斗。它不需要搁一个厕所，也不需要弹射系统、救生系统、代偿系统，所以减轻了重量，减少了体积与成本。未来一定是属于无人驾驶战斗机的。

我们的歼-15属于三代机，X-47B是美国四代机之后的第一代最先进的无人驾驶战斗机。同样都是上舰了，我们却明显差两代。不知道美国是不是成心来示一下威，说你这三代机刚上舰，我这四代机之后的、最新的一代无人驾驶机也上舰了。不过X-47B也没形成战斗力，因为它是以X打头，不是以F打头，说明它还处于验证机阶段。但是验证机阶段已经很吓人了。

△ 在太空飞行出现以前，即有航天员以前，飞行员被称为世界上最精英、最接近神的人群。因为他们是可以御风而行，手握雷霆般毁灭能量的人。直到今天，飞行员在公众眼中依然非常有神秘感，特别是海军舰载机飞行员，他们是随航母这一航行全球的浮动基地，面向各种遥远的敌方目标进行训练的，担任打击等任务，是不折不扣的来自大洋深处的飞行骑士，仿佛古代呼啸来去的游牧铁骑，而对于没有航母、被迫进行本土防御的国家来说，这些舰载机飞行员是进攻一方天降的保护者，是十分令人恐惧的。

现代航母舰载机往往具备综合的多任务能力，从侦察、监视、追踪到打击海陆空的各种目标，都在其能力范围之内。对于大国来说，拥有成熟的舰载机联队，能熟练地使用舰载机所代表的远程海空作战能力，是国力影响全球的标志。

第二则新闻就是"企业"号航母退役,而且退役以后不封存,就是不服预备役,直接拆解了。这个新闻其实也挺震撼的,不知道是不是美国成心在我们斗志昂扬地欢呼第一艘航母入列的时候,来这么一招。他们新一代的航母已经用了电磁弹射器"企业"号(以核动力驱动)等各种崭新的技术。"企业"号为美军服役了52年,早在50多年前它就已经用了相控阵雷达,就是大家看到的"辽宁"号上的那几个大平板,这些技术一直到今天还有很多国家在追。美国这一招是不是在说:你的航母跟我的航母差了50年?这其实给了我们一个很大的警醒,我们要奋发努力。

这十几年来,中央政府在军备上加大了投资,我们的军事战备才有了显著的发展。改革开放头20年,那个时候发展经济是第一位的。如果那个时候就发展军备,我们会像苏联一样被拖垮。苏联就是因为经济发展严重被军备发展耽误了,最后搞得民不聊生,虽然军备很强,国家却崩溃了,所以我们吸取了它的教训,先发展经济,再发展军备。这也就能解释为什么我们到了20世纪八九十年代的时候,还在用仿制米格-19仿制的歼-6做主力战斗机。那是50年代的战斗机,到了90年代,我军的陆、海、空跟西方有40年的差距。最近十几年,由于急起直追,我们连续有歼-10、歼-11、歼-15、歼-16(歼-15、歼-16还没有正式服役)。等于我们三、四代机同时亮相,原来我们连三代机都没有,二代机也只有米格-21,等于一直在用一代机,就是歼-6做主力。我们跨过了很多环节,直接就是三、四代机同时研制,同时亮相。

为什么有这么多型号?东西方在冷战阶段,都投入了巨大的精力研制战斗机,基本上大国都是以高低搭配的方式做每一代战斗机。比如美国,那个时候F-15是重型战斗机,然后配合F-16这种中型战斗机。这样高低搭配是因为重型战斗机太贵,买不起那么多。再加上消耗的时候,也消耗不起那么多,所以配一个F-16,便宜。俄罗斯也一样,俄罗斯是苏-27配米格-29,苏-27是重型战斗机,米格-29是中型战斗机。现在美国发展到F-22搭配F-35,F-22是重型战斗机,F-35是中型战斗机,还是高低搭配,就是既兼顾尖端战斗机的性能,又兼顾数量,因为装备总是要有数量的。

虽然直到今天，F-15、F-16还是很先进的战斗机，还是几乎所有主要国家的主力战斗机。但是一代之差，差在哪儿，是非常直接而明确的。F-22出来以后，飞到天上去跟F-15、F-16做了模拟空战，这个模拟空战的结果是144∶0，就是F-22击落144架F-15、F-16这样的三代机，自己一架都不损失，就到这个地步。

今天的技术差距已经完全不同于抗美援朝时期。抗美援朝时期，实际上是没有技术代差的，甚至我军的米格-15比美军的F-86还要稍微先进一点儿。抗美援朝时期唯一的差距就是数量差，就是他多咱少。咱坦克也不比他落后，只是他多；咱大炮也不比他落后，那个时候都没导弹。但是当技术先进到今天这个地步的时候，每差一代完全就是挨打。比如二代机跟三代机有一个战例，就是第五次中东战争时，以色列用三代机F-15、F-16对战叙利亚的二代机米格-23、米格-21，都是高低搭配。在贝卡谷地空战的时候，以色列七八十架、叙利亚七八十架，双方共一百多架飞机在空中对战，叙利亚所有的二代机全部被击落，而以色列的三代机没有损失一架。今天的技术差距，基本上落后一代的一方就相当于赤手空拳了，就是冷兵器对热兵器的概念。

我们在奋起直追的时候，重要的是要追上四代机。原本我们也是想以高低搭配的方式来自己研制，开始没有想依赖国外，是想以歼-9重型战斗机配歼-10中型战斗机这样来高低搭配，结果导致了严重的问题。因为同时研发两款跨时代的战斗机，对我们来说难度太大，尤其难度大在都没有发动机。最后实在没办法了，只好从俄罗斯引进发动机。我军现在最先进的战斗机大部分用的都是俄罗斯产的发动机，包括歼-10，用的是苏-27的AL-31（苏-27是两台发动机，歼-10用了其中一台）；歼-11，本来就是仿制的苏-27，所以是两台AL-31；歼-20，用的也是俄罗斯最新的发动机。歼-15本来已经装了我们国产的发动机，最后上舰之前，临时又换成了AL-31。最新的歼-31，用的是两台RD-93发动机，即米格-29的发动机。

海军也一样，"辽宁"号最先用的是乌克兰的发动机。我们最先进的所谓"江南四杰"——168、169、170、171这4艘驱逐舰,用的也都是乌克兰的燃气轮机,我们的潜艇用的也是进口或仿制发动机。陆军也一样,我们最先进的坦克——99式,用的是德国授权生产的发动机。德国的柴油机当然是最好的,我们是买了它的许可证授权生产,这个授权生产只能限国内用,不能出口。

我们自己也在努力研制,我们的3个发动机研制基地,都在特别努力地研制。但发动机不只是一个技术问题,更重要的是工艺,就是当飞机发动机的涡轮叶片耐高温不够,就喷不出那么高温燃烧的空气了,推力就不够,推力不够,发动机就会变得很重。

现在欧美最先进的飞机发动机,已经到了推重比为10,就是1吨的发动机能发出10吨的推力来,发动机本身就1吨重,剩下的9吨都给了飞机。我们现在用的俄罗斯发动机也不够先进,俄罗斯发动机的推重比不到8,等于1吨的发动机能发出七八吨的推力,最后只能有六七吨的推力给飞机。我们从俄罗斯、乌克兰进口的发动机技术比欧美落后大概一代。要买发动机就要被迫进口很多军事装备,比如飞机,要买发动机,就得买人家的飞机,于是我们后来买了苏-27。买苏-27,就是冲着它的发动机去的,当然苏-27的气动外形设计也是很好的,跟F-15不相上下,所以才能发展出那么大一个家族来。从苏-27开始,一直到现在苏-35、苏-37都出来了,其实都是苏-27气动外形的改进。我们买了它,当然也是用了它的发动机。后来我们变成了购买一部分苏-27,然后购买许可证来生产,购买了200架苏-27的生产权。然后同时用了苏-27的发动机装备在歼-10——我们自己研制的飞机——上。解决了高低搭配的重型战斗机问题,中型的我们自己设计生产。

　　但苏-27的航空电子设备太落后了。俄罗斯的电子设备生产能力是很弱的,从家电到军事尖端产品都不够好,即使到现在为止,俄罗斯最先进的苏-35,座舱里的整个电子显示器,各方面的设备,跟西方还是不能比。我曾进过苏-35的座舱,那是在莫斯科航展上,跟着专业团去的。专业团不像游客那样站得远远地看,而是可以爬上去,我就趁机进去看了看。苏-35已经是目前俄罗斯最先进的战机了,应该叫作三代半，就是接近四代机了。我也钻过一次米-28——俄罗斯现在最先进的武装直升机，它自己也没装备几架，因为很贵。我钻了半天没钻进去，因为我太胖了。那个武装直升机，正面越窄，被弹面越小，正面要大的话，被打中的概率会大，所以正面都特别窄，必须要很瘦小的人才能进去。我没钻进去，但是我也整个看了，工艺上、技术上跟西方的武装直升机还是有差距的。

当然我们要一步一步来，我们先买了苏-27，有了发动机，歼-10就可以飞起来了。紧接着我们在生产苏-27的时候，发现苏-27已经完全落后了，尤其是它的电子设备、航电设备已经完全落后了，我们不得不又买了200架的许可证生产，实际上我们大概只生产了60架就停产了。停产了以后，我们自己仿制了苏-27，用自己的航电设备。中国跟西方很多国家的公司，包括跟以色列、法国等，都有很多技术上的交流，虽然尖端技术还是禁运的，因为他们有《巴黎条约》之类的限制。尽管如此，我们还是获得了很多西方先进的电子技术，再加上我们自己的技术，生产就开始了，但我们用了苏-27的机体跟发动机，我们给它命名歼-11B。现在我们开始生产这个，俄罗斯这下当然就很不高兴了，说你等于是剽窃了我。这是一个说不清的东西，我们买了你的飞机，也买了你的许可证，只是我们做了很多改进而已。

对于苏-27家族，我们不但生产、维修过，还仿制、改进过，可以说对这个家族已经知根知底、轻车熟路，接下来就是把苏-27家族发扬光大，歼-15跟歼-16就出来了。歼-16是什么呢？我们后来又买了苏-30MKK。苏-30MKK这种飞机，是从苏-27发展出来的战斗轰炸机。它载弹量很大，相当于从F-15发展出来的战斗轰炸机F-15E——F-15开始是战斗机，空战战斗机，后来就出现了F-15E，包括后来再卖给韩国的F-15K，卖给新加坡的F-15S，全都是重型战斗轰炸机——对地攻击能力也很强，而且是双座的。从单座的战斗机发展出了双座苏-30，苏-30是目前全世界最热销的战斗轰炸机之一，我们买了，印度也买了，印度买了苏-30，叫苏-30MKI，比我们那个要先进半代。俄罗斯不愿意卖给我们最先进的装备，因为我们仿制能力太强，它不愿意，它愿意把最先进的卖给印度，因为印度仿制不了。印度反正也得买，印度连维修都够呛，就别说仿制了，所以它就都卖给印度。

印度装备的苏-30MKI，最重要的是它的发动机，叫推力矢量喷管，那个喷管可以做上下15度的转向调整。这一下就先进多了，因为这个机动性，马上就比只能往后喷，靠自己的襟翼和前翼、鸭翼来保持机动的飞机先进很多。它甚至可以在空中急刹车。在空中能急刹车这个性能，对于现代战斗机来说是极为重要的。现在绝大部分战斗机雷达都是多普勒雷达，它最大的一个功能，就是能看见快的东西，看不见慢的，所以它才能向下看到飞机。过去的雷达向下看不见飞机，因为地面上有很多建筑、汽车，你向下一看，全都乱了，你看到的都是乱七八糟的东西。多普勒技术就是滤掉了低速的东西，向下看的时候，地面的汽车什么的、慢速运动的东西它都看不见，它只能看见快的，比如时速200公里以上的东西，或者时速100公里以上的东西。如果你在空中急刹车，它就看不见你了。苏-30MKI是一个非常有实战性和表演性的战斗机，不光是在飞行表演时漂亮，能做出各种匪夷所思的动作，甚至能停到主席台前冲你鞠一个躬，这在战斗中间也很重要。

苏-30是现在苏式战机里最畅销的，越南买了，马来西亚也买了。我们也买了不少，先是给海军航空兵买，因为我们在海上需要远航程的战机，那时候没有航母嘛，所以需要作战半径很长的战斗机来替代。苏-30的作战半径很长，最长可以到两三千公里，对护卫南海等地方还是有用的。我们买了一部分之后，也仿制了苏-30，我们就叫歼-16，但歼-16到现在还没有量产，是不是要量产还不知道。紧接着就是歼-10B，现在也没有量产，但是歼-10B进气道变了，不是有6个撑杆的那个进气道了，而是一个蚌式的，就是很小的、贴着肚子的、比较隐身的进气道。歼-10B实际上已经完全可以和今天的各国装备主力F-16抗衡了。当然它再抗衡也是抗衡F-16，它还是三代机，跟四代机完全不一样。

四代机就是我们的歼-20和歼-31，歼-31从气动外形看是没问题的，隐身、中型，虽然长得像一个缩小的F-22，但用途跟F-35差不多，唯一做不到的就是四代机的标准性能之一：超音速巡航。（四代机的标准性能是高机动、高隐身、超音速巡航。）这个我们没做到，还是因为没有强大发动机，因为要有四代机的发动机才能做到超音速巡航。什么叫超音速巡航呢？三代机虽然也能超音速，但是要打开加力燃烧室才能超音速，这个加力燃烧室就是直喷燃烧，最费油的就是这种，所以三代机只有在最重要的时候，比如空战的时候，大家一起占领最高点的时候才开加力，或者在航空母舰上起飞的时候，你不开加力推力不够，你就掉到海里了。三代机最多一次战斗中只能开几分钟加力，油就耗费得差不多了。其他时候都不能开加力，推力就下降很多，就不能超音速。美国的四代机不开加力燃烧室就能直接超音速，说明它的发动机已经到了很强的地步。奔赴战场的路上都是超音速的。**这是目前四代机的标准，如今我们只是有了四代机的外壳，未来会有四代机的雷达，我们也做到了隐身跟机内载弹，但由于还是没有四代机的发动机，所以我们的四代机有一条最重要的线没有跨过去——超音速巡航。**

歼-20虽然出现了，但我猜它只是个

△ 目前除美国外，已正式报道的第五代战斗机项目，仅有俄罗斯的T-50和中国的F-20及F-31计划，但从现有报道情况看，中俄的五代机计划还都是一种立足于自身需求和科技基础的准五代计划，离标准的五代机还有一定差距。

验证机，最终真正投产的重型战斗机，可能会比歼-20要小一点儿，再改进一点儿。因为歼-20只是正面方向隐身，侧面因为还有鸭翼，还有腹鳍，侧面跟背后还是不能隐身的，包括发动机喷管等，所以歼-20不像是一个要量产的飞机，最终可能会小一点儿，然后配备最先进的俄罗斯发动机，或者我们自己研制的涡扇-15。歼-31看着像一个能量产的飞机，而从接到军方任务到飞起来，歼-31才用了19个月，这在全世界历史上都没有过。大家知道歼-10是研制了18年才飞起来，最后到歼-31的时候，19个月就飞起来了。说明企业本来就有这个计划，自己出钱在预研。从零开始，不可能有任何一架飞机从接到任务开始只用19个月就能飞起来的。因为即使从生产工艺上，从定型发下图纸去，到做出第一架飞机来，全世界最快的速度也得10个月，更别说起飞了。

发动机研制是一个漫长的过程，比飞机要慢得多。一款发动机研制出来，可以装备很多款飞机，还能衍生出一些东西。像美国，一款发动机被研制出来，首先会被装到战斗机上，然后把它整个涵道比扩大以后，就装备到客机上，客机是需要大涵道比的飞机，但核心还是战斗机的发动机。然后它又可以改造成燃气轮机，装备到军舰上。实际上美国客机的发动机，战斗机的发动机与军舰里的燃气轮机，都是一个核心机。

一个核心机要花很多年、很多资金去研制，研制出来以后，能用在很多地方。我们一直在着急，渴望军备上能有大突破，同时又忙着应付各类敌人——苏修美帝，及大力发展经济，很少花时间踏踏实实来研制发动机。我们都是先上型号，先要求战斗指标，然后根据战斗指标再去想这个发动机应该推力多大，然后再去研制这个发动机，导致发动机跟着型号去研制，这在全世界都是不行的。但今天，我们在慢慢摆脱过去这种上型号要预算，然后发动机才跟着研制的模式。研制飞机容易，研制发动机难，就像研制一个汽车很容易，你看一个汽车厂多少款汽车，都用同一个发动机，它有的时候是SUV，有的时候它是轿车，有的时候甚至是别的车，但是它用的发动机是一样的。就说明不管在哪儿，发动机都是最根本的东西，外观那都是面子工程，发动机才是真正的核心，是它的心。不能老要面子工程，那个军舰壳很好看，坦克壳很好看，没发动机，有什么用。我们什么时候能让我们的涡扇-10实用化（涡扇-10已经研制很多年了），我们仿制的RD93什么时候才能真正上歼-31，准备给重型战斗机用的涡扇-15什么时候能够装备，只有这些都实现了，那我们才算真正拥有一个强大的军工体系，我们就真正有了一支不依赖任何人的、强大的战斗部队。

  战争中的补充很重要。战争中消耗是很大的，大家手里几百架飞机，都是准备头三天要打光的，谁也不敢装备那么多，因为太花钱。现在已经到了什么程度？歼-11，我们自己研制的，装备部队了，有小道消息说，已经到了两亿多一架。听说四代重型机，就是歼-20以后能量产那个，要六七个亿一架，那已经非常非常昂贵了，肯定不能大量装备，只能等着战时消耗时大量生产。一旦发动机人家不卖给你，你就完蛋了，你只能生产机壳，所以一定要到我们有了心脏，有了发动机，我们的陆海空军才能够真正在打仗的时候跟人家说，我们拼得起消耗，补充得起后面所有的东西。那个时候我们才能立于不败之地，说我们骄傲了，我们光荣了，我们有自己生产的航空母舰了，有自己真正的飞机了。那一天我相信会很快到来，因为我们追得很快，只用了十几年，就从落后人家40年追到落后15年，而且我们强大的军工体系吸纳了我们中国各代的精英，在这样强的研制队伍面前，没理由不相信啊！

赵楚 点评

第二期
武力值大PK（上）

一个国家要变成一块公平的土地，一块自由的土地，才会有更多的人来爱，而不是光强大就可以的。德国曾经很强大，但是德国的知识分子，包括爱因斯坦等都跑到了美国，所以强大并不是最重要的，最重要的是让这块土地上的人民幸福。

有关战争，有几个元素很重要，武器当然是其中一部分，但更重要的是这个国家的综合实力。和平年代储备的武器，飞机也好，导弹也好，都是打算上来一个礼拜就打光的，经受不住剧烈的大战，所以真正支撑战争的除了兵器以外，更重要的是民族性，就是这个民族是不是尚武，是不是善战，是不是勇敢，这个很重要。再有，就是这个国家的工业能力能不能支撑大规模战争的消耗跟补充，还有这个国家的国民素质能不能支撑大规模动员起来的军队，是不是这个国家人人都会开枪，人人都会开车，是不是有很多人会开飞机，这些都很重要。

中国周边国家、地区军力如何？先来看看俄罗斯。

俄罗斯武器就很悲惨。自从苏联解体，俄罗斯一下从军事朝阳沦为军事夕阳，差

△ 这种见解具备相当的战略学素养。人类追求安全的历史很漫长，但理解安全的知识进展却很缓慢。一般人认为力量更强大，国防资源投入更多，武器更先进，军队更精良，肯定意味着更安全。很不幸，战略与战争的历史告诉我们恰恰相反。因为战略首先是综合的和互动的，安全是一个体系，包括行为者自身、对手，乃至第三者、第四者、第N者。一国片面增加力量的作为，在意图和合作不畅的情况下，抱着自修门前沟的心态埋头搞力量发展，结果往往是军备竞赛升级，意图敌对升级，力量越大，敌人越多越强，反而没有增进安全。

点儿连夕阳都赶不上。苏联时代，全世界有一半武器都在苏联，当时苏联红军很强大，70000辆坦克——当时全世界所有其他国家的坦克加一起也没有苏联多，几万辆装甲车，几万门重型大炮，几百个常备师，尤其是在中欧前线的，都是一类齐装满员、战斗力非常强的师。当时全世界海军最庞大的潜艇部队在苏联，苏联海军跟美国海军的想法不一样，美国海军是以大型航母编队作为统治海洋的武器，苏联就扬长避短，反正航母它比不过美国——它那一艘半航母，还不如美国50年前造的。但是它的潜艇非常厉害，当时的核潜艇，全世界其他国家加一起，也没有苏联一家多。所以那个时代苏联的陆军、海军、空军，质量虽然不如美国，但数量是全世界第一多，现役战斗机、轰炸机等全加起来，最多的时候达到上万架。

　　苏联时代不停有新东西出来，新坦克、新飞机、新军舰、新潜艇，结果苏联解体之后到今天，20余年了，俄罗斯几乎没有值得一提的新进展。航母从一艘半变成了一艘。那半艘后来拆成一个空壳，被我国给拖回来了，我们现在的"辽宁"号就是在原来那半艘叫作"瓦良格"号的航母基础上制造的。还剩一艘，就是当年那一艘"库兹涅佐夫"号，它年久失修，锈迹斑斑，从来也没有把应该配齐的苏-33 及其他机种配得齐装满员过。甲板上永远是零零星星那么几架飞机，起飞和训练也非常少，偶尔出现严重国际形势才开出港来，拖着一堆锈迹斑斑的海螺和一些鲍鱼什么的。船的外围，因为年久失修，所以看上去还是苏联解体时那样，出来只是耀武扬威一下，说我们有一个航母。空军战斗机也是，基本上还是解体时的样子，就是苏-27、米格-29 作为主力的战斗机，年久失修。虽然后来研制了很多新的飞机，像苏-30，但卖给了我国、印度、越南、印尼、马来西亚等。

苏-34 是一个很怪的飞机，是苏-27 系列里最大的一个，前面是并列双座，两个人并着坐，不像一般战斗轰炸机那样，是一前一后坐的。苏-34 是一个大鸭头，这种战斗轰炸机很少。以前在美国只有空军的 F-111 和海军的 A-6 是这样的，现在其他国家都没有，只有俄罗斯有，俄罗斯装备了零星几架，其实只是为了不让这个生

△ 一般公众对战争与和平认识最大的误区就是对实力的迷信。钱多、人多、船坚炮利，当然好，这是常识，可一个国家的国防事务与装备研制、生产却不是简单的实力计算。如果单纯实力强就一定赢，一定好，那美国就没有越南战争的教训了，而苏联在阿富汗也不会搞得灰头土脸了。实力很重要，但拿什么来衡量实力呢？就是清晰的需求评估和合理的资源配置。需求比片面的实力重要。第二次世界大战后，美国军队是为应对苏联大规模装甲集群在欧洲平原上的攻防战准备的，平时也是这么练的，可到了越南的稻田水网地带，效能发挥不出来了。苏联在阿富汗山地遭遇的非传统战争也是一样。因此，对于大国的安全来说，保持弹性的需求评估，以合理和严格的方式评估和前瞻需求，保持正确的优先顺序，是至关重要的。

产线彻底停了。再有就是苏-35，苏-27系列里最先进的。最近有很确切的消息说，我国要买一部分苏-35，有的说是24架，有的说是48架，当然了，因为我们在仿制苏-27系列和苏-30系列，包括苏-33系列，其实都是苏-27系列，苏-27、苏-30、苏-33、苏-35，都是从苏-27发展出来的。我们经验也很丰富，所以我们也准备弄几架苏-35来。**俄罗斯的装备很少，零星一点点，从苏联解体到现在20余年，没有装备一艘大型军舰。**驱逐舰还是当年那些"勇敢"和"现代"，还有那导弹，大得不得了，极为笨重，**护卫舰零星装备了一点点，但是很小。**

主力军舰基本上都锈得动不了了，原来4艘全世界最强大的巡洋舰，都不应该叫巡洋舰了，应该叫战略巡洋舰。因为它们有20000多吨重，属于当年"基洛夫"级，那上面装备了数百枚导弹，光防空导弹就分了好几种，远程反舰导弹一大堆。军舰非常大，现在也都动不了，只有1艘"彼得大帝"号出来比画两下，非常惨。每次跟我们联合演习，太平洋舰队出动的时候，永远都是老三样，就那几条老船出来比画两下。曾经世界上最大的核潜艇——"台风"

级核潜艇（迄今也没有比它更大的核潜艇）已经彻底毁了，出不了海，修也修不出来，已经废弃了，仅剩几艘还能动的战略核潜艇。**俄罗斯海军唯一还能骄傲的就是"阿库拉"级核潜艇，以及最新下水的2艘"北风之神"级战略核潜艇。目前俄罗斯海军唯一能够出来，还有点儿战斗力的，就仅剩这么点核潜艇了，非常悲惨。**

俄罗斯卖给中国、印度、越南的常规潜艇很多，自己装备得很少，因为没钱买。现役军队里的武器，也被黑市卖得到处都是。第一次车臣战争的时候，全世界发现，原来俄罗斯的军事水平已经低到这个程度——一个师拉出来才2000多人，另一个师拉出来更少，但是领军饷的时候，领10000多人的军饷。吃空饷是最原始的腐败，各国都已经没有了，中国只有在北洋政府时期还存在过吃空饷这种最原始的腐败。车臣没有正规军，就一点儿民兵，俄罗斯把最精锐的海军陆战队当作陆军用，最后才把车臣给打下来。在全世界面前丢人现眼大了。

虽然俄罗斯的军事实力大不如苏联时期，但它的军工生产能力还是很强的，只

△ 直白点说，苏联和俄罗斯的国防战略与装备发展战略，最大的失误在于目标与需求的根本性误判。这些巨无霸级的大家伙，都是打算与美国及其北约盟友打世界大战的装备，可世界大战压根儿没打起来。换句话说，压根儿不是以第二次世界大战那种决战大洋与大陆的方式展开，而是以混合的代理人战争、经济贸易竞争和秘密战等方式进行。因此，苏联在这些巨无霸装备的追赶和扩军狂潮中耗尽了资源，最后，一堆令人伤感的废铁给过去几十年的自豪感写上了悲哀的墓志铭。

是现在没钱买设备、原材料而已。如果战争来了,那就不是钱不钱的问题了。战争来了,在你死我活,大家拼了的情况下,俄罗斯开足马力,会像生产香肠一样生产出各种导弹,会像下饺子一样生产各种军舰,坦克会铺天盖地被生产出来。苏联时期的坦克厂——虽然曾经最大的造坦克的厂现在在哈萨克斯坦——保留在俄罗斯境内的还有很多,开足马力生产的话,一年产个上万辆应该不成问题。虽然俄罗斯手里现在没东西,都是些30年前的老破玩意儿,但是它都在研制,它有最新的军舰图纸,也造过出口的,它也有最新的飞机——苏-35,只是现在不装备而已。陆海空三军,一旦开战,俄罗斯强大的工业生产能力立即就能装备出一支焕然一新的军队,现在看着是一只生病的北极熊,长期被抽胆,肚子也烂了,但是一旦真正打起来,还是很厉害的。

俄罗斯这个民族是一个有意思的民族,它尚武。北方民族都比较尚武,比较勇武,但俄罗斯民族不是很善战。自古以来,就没怎么靠自己打过胜仗,从最开始被蒙古打得屁滚尿流,到现代、近代,也屡屡被打败，一会儿被英法打败，在克里米亚；一会儿又被日本打败，在日俄战争期间；一会儿又被波兰打败，苏波战争。1920年的时候，波兰军队完胜苏联红军，当时苏联红军还有最优秀的统帅图哈切夫斯基。当年才27岁的图哈切夫斯基率领红军围攻华沙，斯大林作为另一方面军的政委，围攻南部，最后被波兰军队打败，签订了《波苏条约》，割让大片苏联领土给波兰。波兰那时候是一个刚复国才一年，之前亡国的国家。苏联后来又被芬兰打败。芬兰这个国家，全部的人口加在一起，还没有苏联红军的人数多。第二次世界大战之前，苏联非常想把国境线向前推，以便让自己在战争中更安全，所以跟德国一起瓜分了波兰，但主要是德国打波兰，苏联跟着从东部一起瓜分了波兰，然后又把三个小国——立陶宛、爱沙尼亚、拉脱维亚搞来了。苏联一看芬兰这个小国，说你给我块地儿吧，芬兰不给，于是就打芬兰，结果芬兰民兵同志们穿着白斗篷，滑着雪，手里拿着枪，有点儿像杨子荣，攻击苏联红军。芬兰的打法是一个奥运会的重要项目，这个项目芬兰到现在都经常得金牌，

△ 斯大林肃反当然不是出自军事原因，而是树立和巩固其绝对霸权意志的需要。他敢于那么做，是因为他误判战争很遥远，没有立即的外部军事威胁，因此，他有时间来对军队人事按自己的意志洗牌，并慢慢按对自己的忠诚度培育出新的干部体系。苏芬战争的直接原因是德国的扩张政策使斯大林意识到显示武力和准备防御的需要，打芬兰是为了防护北方必要的地理优势位置，同时向希特勒和外部世界示威，他未想到大清洗带来的对实力和士气的双重影响。实际上，这些教训使得军队的清洗基本刹车了。

△ 从历史上看，战争的未来面孔是最难预测的。苏联的失败不是简单的军事竞争失败，更直白点说，苏联的制度僵化、战争观教条主义、制度缺乏自我约束和修正的弹性，才是导致苏联军事战略失败的前提性原因。

就是一边滑雪，一边射击。芬兰以区区小国寡民大败苏联红军，全世界都看傻了！当然了，那个时候跟斯大林的肃反也有关。**斯大林肃反**的时候，将能征善战的红军将领，元帅里5个杀了3个，包括最能打的红军统帅图哈切夫斯基。然后16个集团军的军团长枪毙了15个，67个军长枪毙了60个，师旅级干部半数被清洗，差不多数万红军最优秀的军官都被枪毙了，都说是间谍。德国当然使了一点儿反间计，更重要的是斯大林本人疑心重重，因为基洛夫被刺杀，斯大林开始大清洗，所以红军的战斗力急剧下降。

**在第二次世界大战期间，虽然苏德战场是主战场，最终苏联红军在全世界的配合下战胜了德军，占领了柏林，但实际上仔细看一场场的战役，苏联实在是不善战。**一开始上来，经常六七十万人被德军围歼，一围歼就被俘虏几十万人。基辅战役被俘虏了几十万人。德军一直打到斯摩棱斯克、明斯克，一路往莫斯科打，打到离莫斯科很近的地方。在维亚济马，苏军居然在自己大后方附近，离莫斯科很近的地方，被德军再次玩了两翼包抄，保卫莫斯科的维亚济马几十万大军被全歼，这是第一年。第一个半年，就是 1941 年，苏联 400 多万军队被歼灭。然后在整个苏德战争期间，即使在最后德军防守、苏联进攻到德国本土的战役中，都极少出现真正战术上消灭德军、超过苏军本身伤亡这种漂亮的大战役。即使是在豁出血本的斯大林格勒战役胜利以后，实际上德军的南线完全洞开，当时南线已经几乎没有德军，在苏军可以直取罗马尼亚的形势下，潮水一般的苏联红军从斯大林格勒出发，准备直取罗马尼亚，却被德军曼施坦因元帅反击。曼施坦因只带了区区两个集团军的兵力，居然在潮水一般的苏联红军中左冲右突，东奔西杀，最后还围歼了苏联军队，打了一场非常漂亮的战役，后来被称作哈尔科夫战役。

这场战役在我们历史课本里没有讲过，我们只讲斯大林格勒战役，但是如果看历史，看地图，就会明白这个斯大林格勒战役 1943 年初就打完了，怎么又打了两年，当时应该直取罗马尼亚，就结束了，就是因为曼施坦因只以区区两支规模不大的德军大胜苏军，收复了哈尔科夫，把苏军挡在了南线，才有了库尔斯克突出部后来的库尔斯克战役。往后在苏军完全占优势，英美军又在西边登陆的情况下，苏军以泰山压顶之势，才打了几场比较漂亮的仗，但是真正像德军打苏军那样打出那么漂亮的围歼战，还是很少的，即使到了柏林城下，最后苏军还是以伤亡30万人的代价才把柏林攻了下来。

第一次世界大战的时候，俄军简直就是鱼腩部队，德军主力在西线打，俄军那么多人——俄军在当时军队人数最多，有数百万大军——从东部打。德军依然是用两个集团军，不但能挡住俄军，而且能连续歼灭俄军，俄军的战斗力简直低到难以想象。第一次世界大战期间最丢人的，甚至跟奥匈帝国的军队和意大利军队差不多丢人的，就是俄军。纵观俄军、苏军的战史，他们最精锐的武器，是一个叫严寒的东西。严寒打败了拿破仑，严寒打败了希特勒。如果没有严寒，拿破仑已经攻下了莫斯科；由于严寒，库图佐夫坚壁清野，导致拿破仑60万大军没吃没喝，最终被严寒打败。莫斯科战役也是，最后打到莫斯科城下的时候，出现了提前的严寒，零下几十摄氏度，俄罗斯的坦克都是柴油机的，不怕冷，德国坦克都是烧汽油的，于是坦克也发动不起来，士兵也冻得不行了。**纵观俄罗斯民族的战史，除了严寒这样优秀的、大规模杀伤性"武器"以外，其他真的乏善可陈。**

当然了，核武器在我们讨论之外。要说核武器，当然俄罗斯是最多的，它继承了苏联留下来的"三位一体"的核力量，有大批的战略洲际导弹，战略核潜艇上的弹头也是世界上最多的，跟美国的差不多。战略轰炸机虽然不如美国，但图-160还是迄今为止比较先进的战略轰炸机。俄罗斯费了老大的劲儿，从乌克兰，从哈萨克斯坦零散地买回来装。苏联解体以后，那个战略轰炸机因为驻在不同基地，而那些国家都已经独立了，所以俄罗斯最后拼了命才搞回来十几架，从乌克兰，从哈萨克斯坦零散地买回来装。俄罗斯是紧随美国最强大的军事国家，甚至在苏联时期是超过美国的。它不但有严寒，还有核武器。但是俄罗斯目前想发起什么威胁的时候，看看车臣战争就了解了，它其实没有什么非常强大的进攻能力了。

说完俄罗斯，再来说说韩国。韩国有现代化的陆海空军。海军装备的宙斯盾大型驱逐舰，吨位甚至比日本那几艘宙斯盾

△ 近现代的德军很善战，世所公认，结果只是给国家民族和其他民族带来了深重的灾难。第二次世界大战前的德日国家机器，以及冷战中的苏联国家机器，及其军队内部都在拼命宣扬英美的不善战、惧战和反战，这种心理推动了他们的扩张性军事政策，结果如何，世人已经看到了。"秦人无暇自哀而使后人哀之"，今天，我们作为后人若不知自哀，那我们的后人必将为我们而悲哀。

驱逐舰还要大，差不多跟美国巡洋舰一样大。装备的是世界最先进而且经过多次实战检验的宙斯盾防空系统，那是目前世界最先进的系统。韩国潜艇也一样，配备的是德国最先进的214型潜艇，自己正在研制的也很先进。海军不管是驱逐舰还是潜艇，都非常先进，而且韩国还在造能搭载垂直和短距起降飞机的小航母。

韩国的空军战斗机F-15K是目前全世界最先进的F-15版本，比日本装备的F-15J和美军自己装备的F-15C、F-15D、F-15E都要先进，所以韩国的数百架F-16，以及目前这几十架最先进的F-15K，应该说在东亚是傲视群雄的。西亚一些海湾国家因为太有钱，所以空军装备也很厉害，比如以色列的空军就很厉害，还有沙特，装备有F-15的最新型号F-15S。

朝鲜这个民族，也还算尚武——北方寒冷地区的民族都尚武——但非常不善战，在整个朝鲜历史上，虽然打赢过隋朝的百万大军，也曾经打赢过日本的侵略军，但都是极少数，大多数时候并不是一个非常善战的民族，但比较勇武，这也是这个民族的特性吧。在战争中间，善战对胜利是非常重要的。

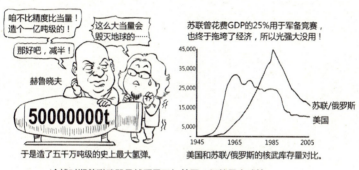

冷战时期苏联武器虽然质量不如美国，但数量全球第一。

在俄军历史上，他们最精锐的武器其实是——严寒。

第二期·武力值大PK（上） 变态辣椒漫画

赵楚 点评

第三期
武力值大PK（下）

日本海军曾经亚洲第一，世界一流，在太平洋、印度洋区域，打得美国、英国一艘主力舰都没有。虽然今非昔比，但瘦死的骆驼始终比马大。日本有重视军事的传统，现在的日本海上自卫队拥有全世界最新式的装备，平均舰龄最短，比美军的还要短。美军的"提康德罗加"级巡洋舰已经很先进了，装备有宙斯盾系统，且开始退役了，而其他各国还当作最先进的武器在研制。日本海上自卫队军舰的平均舰龄只有十几年。和平时期，一艘军舰舰龄30年不算很久，还会有现代化改装，只要把导弹或者雷达换成新的就行。日本海上自卫队的军舰都是最先进的军舰，其中6艘宙斯盾驱逐舰，吨位和美国的"提康德罗加"级巡洋舰差不多。宙斯盾系统是经过实战的，是目前世界上最先进的防空系统和海上指挥系统。

冷战时期，日本长期被美国海军赋予反潜任务。日本的防卫，实际上是根据的《日美安全保障条约》。美军在日本驻有第七舰队，在横须贺港停有航母，就是美国海军来保卫，日本干好反潜这事儿就行了，所以日本在反潜上始终都保持在世界一流

△ 1983年，东芝车床非法出口案主角之一是苏联。苏联是为了新型常规潜艇和核潜艇加工高精密度螺旋桨需要，而日本则是为了打开被巴黎统筹委员会严格封闭的苏联巨大市场。东芝公司从1980年就派人进驻莫斯科，希望以上面提到的这种五轴联动精密数控车床为矛头，打开苏联巨大无比的工农业产品市场。美国打压此事并不仅仅是因为高精密科技的流失，而是不能助长日本人或其他盟友背着自己开拓市场的风气。没有证据表明在精密加工方面，苏联、日本比美国更先进。

水平。当时的苏联海军，在海面上跟美国是根本不能抗衡的，但它的潜艇是世界上最强大的，所以日本就专门研究这个事儿。现在又有了宙斯盾，可以说日本的常规潜艇（日本是不能造核潜艇的，虽然日本的核电站是最多的，因为日本是第二次世界大战战败国，不能拥有这些武器）是当今世界最先进的，也是吨位最大的、最安静的（潜艇最大的敌人就是自己的噪声）。

潜艇噪声主要来自两个方面。

一个是螺旋桨旋转时造成的空泡噪声。螺旋桨有着非常难车、曲率非常复杂而且很大的弧面，只有极为精密的车床才能车出这种弧面。只要有一个不平的地方，它转动时就会产生空泡。这些空泡一个一个炸开的时候，会产生特别大的噪声，这是潜艇最主要的噪声。日本工业能力很强，车出来的潜艇螺旋桨非常精密，在水中高速旋转时，没有空泡噪声。**东芝公司曾经被美国制裁，为什么呢？** 因为东芝出口过几台非常精密的数控机床给苏联，当时东芝解释说是民用的产品，但是美国说那几台数控机床能车出非常精密的潜艇螺旋桨，苏联进口了以后，螺旋桨空泡噪声也降低了。不过在日本，东芝公司的那几台数控机床被认为跟日本军用的那些数控机床还是不能比的，所以出口给苏联，可见日本军用机床的精密度有多高。

另一个噪声来源，是发动机振动，日本的发动机技术也是世界一流的。全世界现在都将发动机放在减震阀上来减震，不直接安在艇体上，这样噪声就会降低很多。再加上整个艇体的流线这些东西，各个小细节都做得极为精细，也就降低了噪声。日本跟美国是一家的，随时随地美国有什么新技术，它拿来就用了。有时候它也有点儿新的，比如半导体方面就比美国强，它也给美国用。日本一直跟美国走在一样的军事科技前沿。**不过日本虽然诸多技术都领先亚洲各国，但不成体系，今日的日本海军同昔日的日本海军在根本上是枝与干的关系。**

目前我们最先进的052C驱逐舰大概能够追上宙斯盾一部分性能，就是大家看到的170、171，现在已经下水了4艘，有几艘还在建，最后可能会建到8艘。但是日本的宙斯盾驱逐舰也在生产中，它的护卫舰以极快的频率在更新。潜艇保持在

△ 一流的世界海权或海上力量，不是有一些领先的先进科技就可以实现的。现代大海军，说白了，是现代大国的化身，需要的是现代化的全球力量布局，在全球权力结构中的独特地位，全面的国防现代化体系能力，以及内外制度支持，这些应该说都是日本在可预见的未来很难再具备的，因此，个别平台再先进，总体的体系化海权能力在未来相当一段时期依然不会有大的改变。

△ 这些以朝代来命名的潜艇名称并不是中国海军潜艇的正式命名规则，也不是它们的真正名称，而是美国及其北约伙伴的情报机构对观察到的中国潜艇的命名规则。北约情报机构从冷战时期就如此作业，一方面是为了保护情报来源和保密，另一方面也是为了进行心理战，表示对可能的未来对手的蔑视。比如，苏联第二次世界大战后最著名的常规潜艇"6633"级，中国引进后命名为"033"型，而北约将其命名为"罗密欧"级，简称R级；至于核潜艇，要么是很可笑的"高尔夫"级，要么是很邪恶的"阿库拉"级等。中国的潜艇，北约和美国情报机构为了暗示古老又没用，故意采用朝代命名。设想一下，商朝多古老，而一艘命名为"商"级的核潜艇是不是给人特古老、老掉牙的印象。再对照他们给自己取的，要么是"北极星""海狼"，要么是什么"三叉戟"，其他舰艇则都是以大英雄、名总统来命名，这就是所谓的心理战。

16艘，每年造1艘新的就退役1艘，最老的潜艇也只有十几年的艇龄，大部分是几年艇龄的。日本最新的常规潜艇都是装备AIP的，不依赖空气就可以在水下长期潜航。常规潜艇最大的问题是柴油机需要氧气，需要一个通气管伸出水面。这个通气管一伸出来，就被人发现了。所以最新的常规潜艇有一个AIP技术，它能水下作业，有的是密闭循环，有的是自己带液氧。

我们有一些俄罗斯比较先进的"基洛"级潜艇，也有我们自己新造的"元"级潜艇。我们的潜艇都是在美国和北约情报机构那边以朝代来命名的，核潜艇是"晋"级、"汉"级、"商"级、"夏"级，常规潜艇是"宋"级、"元"级、"明"级、"清"级。再有新的，朝代没了，不知道叫不叫"民国"级。我们最先进的"元"级常规潜艇，也开始用AIP，不依赖空气的系统，但总体的工艺水平各方面，跟日本的潜艇还是有一些差距。"基洛"级也一样，比日本潜艇要粗糙一些。水面上我们有1艘航母，日本正在造2艘27000吨级的准航母，这相当大了。日本管它不叫航母，叫载机护卫舰，打算配备美国最先进的F-35B。F-35B比俄罗斯的"库兹涅佐夫"号上的苏-33要先进,也比我们的歼-15先进。我们的歼-15是仿制的苏-33,但有一些改进,我们的工艺比俄罗斯要好一点儿。但F-35B如果真装备上来,日本航母就是亚洲最强的了。F-35A日本已经订了,它本身就参与了那个项目。美国F-35这个项目太大,是个世纪大工程,它装备了西方各国,而且是海军、空军、海军陆战队三军通用的飞机,这在以前美国的飞机历史上还是没有过的。以前都是海军装备海军的,空军装备空军的,只有F-4"鬼怪",是空军、海军都装备过,但是海军陆战队很少装备。**这回是海军陆战队装备F-35B,海军装备F-35C,空军装备F-35A,所以是世纪大单。**美国在这上面由于花钱太多,就拉了几个最近的盟友,大家出点儿钱吧。美国分了几级伙伴,**日本出了钱,英国出了钱,以色列出了钱,大家不是说买你飞机了,而是进入到共同研发的伙伴关系。**日本的航空自卫队,目前装备的F-15J,换装相控阵雷达之后,应该算是亚洲一流的战机。因为除了美国以外,F-15在全世界是最先进的飞机,

△ 日本参与的是F-35空军型号,按照美日高级武器交易老规矩,到交付时,美国会给日本一个特别折扣型号,已有消息说,日本版的F-35没有特定型号的发射远程空空导弹的软件,而且价格达到天价1.9亿美元,双方正是为此才拖延了合同谈判。所以,27000吨的22DDH直升机护卫舰要成为所谓的准航母,大约比中国下一代隐形战机上的航母路途还遥远。实现隐形战机航母化部署,意味着日本具备真正的21世纪远程战略突击能力,这等于宣布第二次世界大战后亚太军事安全结构发生彻底变化,不要说俄罗斯人怎么回应,中国人怎么看,难道美国人会让日本人随意下手? 而且,从技术上说,以目前的体制,日本根本无力支持航母特遣编队的运作,大船改装航母或准航母,指挥控制、人员配备、经费运作,要做的事情实在太多太多了。

△ 日本陆上自卫队最大的死穴是目前日本的政治、社会、财政体制与社会情况根本不支持日本成为全球性、进攻性的军事力量。土豪距离成为豪强的路不是一般地远，世界上有很多土豪，但像第二次世界大战前日本那样的豪强却屈指可数。豪强需要太多内外条件的配合，不是凡土豪就有资格做的。

人家美国自己装备了F-22，当然是F-15不能比的，但其他国家都没有了，所以F-15是除了美国以外目前全世界第一流最先进的战斗机。

**日本陆上自卫队，乏善可陈，都是一些比较陈旧的坦克、装备**。大概只有一个装甲师驻在北海道，这个装甲师装备了日本最先进的90式坦克，以及它所有最先进的装备。北方的北海道是为了对付北边俄罗斯的。日本一直都不太重视陆军，第二次世界大战时期的陆军，装备极差，比我军只是好一点点，但跟苏联红军、德军、美军比，简直就是破铜烂铁。苏军曾经在诺门坎大败日军，打得日军屁滚尿流，苏联坦克开上来，日本坦克直接能被压扁。日本坦克各方面装备都不行，陆军在日本一直是不被重视的。

日本所有的兵器工业基本都有一些，就是生产数量少，海上自卫队还算不少，航空自卫队和陆上自卫队不多，再加上日本的生产成本高，同样的武器，日本的成本远远超过世界上其他国家。日本90式坦克的单价，大概是世界最先进的豹2主战坦克、M1主战坦克的好几倍。日本的飞机也非常昂贵。但日本为了维持自己的工业，一定要自己生产，维持生产线最低速的运转，这就能解释日本战争动员能力为什么非常强了。因为它有强大的工业基础，立即就能转产军事物资，把所有的正在低速运转的生产线全面开动起来的时候，就能完全生产日本陆海空三军的装备。而更重要的是美国的完全支持，即使你不能生产，我也可以卖给你，有些零部件，比如说雷达你不能生产，我卖给你，发动机你不能生产，我卖给你。日本的雷达是很先进的，发动机还是要从美国进口，因为发动机的技术非常难，日本自己也做不了特别好的航空自卫队的战斗机发动机，但是美国敞开胸怀为它提供。所以一旦爆发战争的时候，日本强大的工业能力，能立即支撑住战争的消耗。再就是日本的整个国民素质——各方面的素质——也是不低的，人员补充能力也不弱。

当然了，真正爆发战争，它还有《日美安全保障条约》。虽然右翼很叫嚣，但是日本有"和平宪法"做保障。日本军队内部其实也有很多军阀残留的痕迹，海上自卫队所有军舰的名字都沿用了第二次世界大战时期帝国海军的名字，包括它最先进的能起降飞机的小航母，就叫"伊势""日向"，这些都是当年旧日本帝国海军的舰名。包括它的护卫舰叫什么什么风啊，什么什么春夏秋冬的，都是当年旧日本帝国海军驱逐舰的舰名。它的宙斯盾级驱逐舰，用的都是当年的重型巡洋舰，甚至是战略舰的舰名，从这些舰名的沿用就可以感觉到，日本心里想的是什么，它依然在怀念帝国海军时代的"荣光"，所以才会沿用那些老舰名。潜艇也一样，甚至沿用了当年航母的舰名，像"加贺"号等。从这个迹象可以看出，**日本军队内部还是有军国主义的残留**。日本社会上有些右翼的叫嚣，但日本由于有"和平宪法"保障，应该不会轻启战端，叫嚣归叫嚣，日本人民也不答应。日本人民经过第二次世界大战惨痛的损失，反战是绝大多数的，叫嚣的右翼是极少数，只不过在那样一个自由的国家，每个媒体都能发出声音，每一个团体都能发出代表自己利益的声音，所以才会经常听到一些刺耳的声音，但整个日本的主流，日本人民是反战的，这是毫无疑问的。日本"和平宪法"也是禁止发动战

△ 历史上的军国主义思想主要源自陆军，在东条英机等当政时达到高峰，所以第二次世界大战后一般对海军的认知是较好的，很多人甚至认为海军抵制了陆军的军国主义思想。因此，那些军舰的名称被日本社会视为正面的海上历史传统。这样的命名，中国人难以从感情上接受是可以理解的。

争的。美国也不希望看到日本跟谁去真干，真干，美国也得上来了，美国愿意牺牲自己的人民，去为你流血牺牲吗？所以有几重制约，而且东亚还有强大的中国制约着日本。虽然中国在海空军的装备质量上还不如日本，但数量上会越来越多，日本还是难以跟中国匹敌。目前中国同一代的战斗机，虽然性能还不如 F-15J，但数量上是远远超过日本的。海军先进的军舰虽然没有日本多，但是正在大量的生产中，生产速度会超过日本。

再往南是菲律宾。菲律宾自从最落后的几架破飞机退役了之后，空军大概只有螺旋桨的巡逻机之类的，一架战斗机也没有；海军也啥都没有，没有一艘像样的军舰，只有几艘小巡逻艇；陆军更是乏善可陈，就不要谈了。菲律宾这个民族既不尚武也不善战，谁打它都打得下来。一会儿被西班牙殖民，一会儿美国把西班牙打赢了，它又成了美国的殖民地。日本接着又把美国打跑了，它又被日本占领。菲律宾人民是爱好和平的，他们从事最多的三个职业：一个是乐队，菲律宾乐队最多，唱歌唱到全世界去了；一个是海员，因为菲律宾人都会讲英语,所以全世界海员很多都是菲律宾人;最后一个是保姆。打仗不是菲律宾人的强项,而且热带地区的人民本身也不尚武。菲律宾现在到处去逛武器展,看能买些什么。

值得一提的是新加坡。新加坡虽然是弹丸之地,但是海军、空军都很强大,海军装备的是法国的"拉斐特"级护卫舰,由此升级改进的那6艘"可畏"级护卫舰,应该算亚洲第一流的军舰。空军装备的是F-15SG——SG 就是 Singapore——算是目前最先进的F-15型号,不弱于以色列、日本、韩国这些国家装备的F-15。新加坡虽小但有钱,而且跟美国关系匪浅。新加坡所有飞行员都在美国训练,甚至参加美国演习活动,训练时间充分,所以战斗力相当强。在东南亚,新加坡的军力算是最强的了,远超周围的印尼、马来西亚、菲律宾等国。

再看看不尚武但善战的越南。越南是个不尚武,但善战、信佛的国家。法国在奠边府被越南军队打败,最后被打跑了。美国厉害,是全世界最强大的国家,上去打了十几年,又被打跑了,越南不但打败了美军，而且把美国打崩溃了。美国因为打越南战争，造成了建国以来最大的危机，就是人民开始不信任自己的政府，开始鄙视政客，因为他们说谎，打不正义的战争，人民对军队的崇敬急剧下滑。原来美国人民极为热爱自己的军队，军人在美国的地位非常高，由于越南战争，整个美国政府的威望、军队的荣誉，各方面都崩溃了，导致美国社会撕裂，革命汹涌，人们开始吸毒、乱性、摇滚，爆发了20世纪70年代最大的危机。

**越南打仗，全民皆兵，男女老少都跟你拼命，帽子里都放着手榴弹，地上挖着坑，里面放着竹签子等。**当时为了对付越南这个坑里的竹签子，美军军靴专门在中间搞了一层钢板。越南人不尚武，你现在去越南旅游时看看，他们也很平和，但是你只要敢打它，全世界都领教过，包括我们自己。越南现在的装备大部分很老旧，主要分成两部分：一部分是当年中苏援助它的，都是20世纪70年代的装备，很落后了；还有一部分是美国走的时候（美国1973年撤走）留给南越政府的，能装备50多万人，陆海空三军

△ 时代变了，越南人也好，菲律宾也罢，什么全民皆兵啊，什么同仇敌忾啊，如果只靠这些政治化的战略，要打赢战争是不可能的。越南抵抗美国的战争之所以胜利，不仅仅是因为越南人特别能坚持，还有背后中苏不懈的支持，是全球和地区博弈过招的结果。

都包括。

越南最近搞了一些"基洛"级潜艇，这个很重要，因为弱国的海军，潜艇是第一利器，就是我打你当然不行，但是你打我也够你受的。越南也去俄罗斯买了一些还可以的护卫舰，但要真的打海战，还是不够的。它买的这艘潜艇还是比较厉害的，"基洛"级，中国有，印度也有，应该算是比较先进的潜艇。越南从俄罗斯买了超音速的岸对舰导弹，还买了几架苏-30。苏-30我们也有，印度也有，最先进的是印度的，苏-30MKI。苏-30是远程战斗轰炸机，是能挂反舰导弹的，而且整个空战能力也有，航程也远，各方面的能力还是很强的，再加上岸对舰导弹和潜艇，所以现在越南的海军空军还算可以。

至于陆军，越南没什么先进装备，但越南离周边的岛屿都很近。离岛近，我一架飞机就顶你好几架，因为我一架飞机可以在上面巡逻2个小时。你一架飞机飞到我这儿，只能巡逻10分钟就飞回去了，因为你是从一个离我这儿非常远的岛起飞的。我一架飞机起飞却能在那儿巡逻2个小时，相当于我一架飞机顶你12架。数量虽少,但岛屿离它近,所以它还是有一些优势的,这个是现在越南的装备情况。越南工业能力很差,军事工业完全得靠别人支持,所以支撑持久战争的能力不行。

印度是文明古国之一,历史非常悠久。历史上,印度除了打败过巴基斯坦——那相当于内战——其他战绩真是乏善可陈。几乎谁来打都可以,波斯来打过,亚历山大差点儿打到那里,英国打来就把它都占领了。总是被外来民族侵扰,跟印度这个民族不善战有很大关系,什么先进武器拿在手里都没用,不善战,没辙。就像意大利一样,意大利当然经常有先进武器了,但是它从来都是"一亩一亩"地被俘虏。由于找不着撬炮弹箱子的撬棍就投降,然后大家投降了特高兴,到对方那儿去赶紧吃饭,吃比萨,喝红酒。意大利就是这么一个国家,最后老得德国帮着去打。

印度的武器当然在亚洲算先进的,尤其是印度刚刚招标结束,马上要购买126架法国"阵风"战斗机,这可是目前除了F-22以外世界上最先进的战斗机,和欧洲其他国家联合研制的"台风"战斗机不相上下,我个人觉得"阵风"可能还要稍胜半筹。同时，印度有大批的苏-30MKI，其先进程度，要超过俄罗斯卖给我们的和卖给越南的苏-30。这个先进程度，应该快差半代了，苏-30MKI装备的是推力矢量发动机，这个是非常先进的，这是质变。印度海军有米格-29K，这是一种比较先进的舰载机。空军有幻影2000，当然是法国之前的一代，算是比较先进的战斗机。印度空军在亚洲算是比较先进的，而且数量不少。

海军马上会有3艘航母，印度是第二次世界大战以后，亚洲第一个操作航母的国家，有数十年操作航母的经验。这个经验非常重要，因为刚开始没弄过航母的人，上来玩这个，没十年八年是玩不转的，因为航母是完整的综合大系统。印度玩了几十年航母，目前自己有1艘在役，1艘俄罗斯给它造的"维克拉玛蒂亚"号马上要服役，这是用俄罗斯原来"基辅"级的1艘改装的。"基辅"级一共有4艘，退役后我们买了2艘改装成娱乐城，1艘在天津，1艘在深圳，还有1艘就被印度买了。俄罗斯黑了它一大笔钱，因为开始说送给它了，只收改装费，最后到现在，不停地要价，从十几亿美元到二十几亿美元、三十几亿美元，现在花了一大笔钱，终于下水了。印度的一艘国产航母已于去年下水。印度每样东西在研制的时候都算先进的，等终于出来的时候，却已经落后了，因为时间太长了。印度人做事太慢，什么事都特别慢，但是好歹也即将有3艘航母了。印度海军也有"基洛"级潜艇，还租了1艘俄罗斯的核潜艇。全世界拥有核潜艇的国家，一共没几个，就五大国有。大概印度也在考虑自己什么时候生产1艘核潜艇，印度对军备的野心是很大的，但战斗力不行，这是民族性问题。印度陆军也还可以。陆军拥有相当多先进的武器，包括俄罗斯自己只装备了几十辆的T-90，印度买了几百辆再自己生产，最后装备数以千计吧。T-90是世界上现在比较先进的坦克，排在前十名。T-72也还可以，勉强能用，比朝鲜的T-55要先进两代。T-72印度也有很多，数以千计，军队人数也不少，全加起来将近百万大军。火炮是瑞典进口的。瑞典的国防工业很厉害，飞机、炮、潜艇都是世界先进的。印度各方面的装备，应该说都是先进的，陆海空军都不弱。

印度的问题：第一，民族性的问题，就是不尚武、不善战；第二，自己生产能力比较低。印度自己研制一个坦克"阿琼"，研制了好几十年，现在才装备了大概几十辆，一个团都没有。自己研制的飞机，也是全世界最小的小战斗机，也是弄了那么多年，最后才生产出那么几架。一旦开战，在大家的先进装备一周内都消耗光的情况下，印度的国防工业恐怕不足以继续支撑大规模的消耗战。

张宏杰 点评

第四期
刺客列传（上）

**民国刺客很多**。中国刺客最多的两个时期，除了战国，就是民国。巧的是，大师最多的也是这两个时期。战国时期，诸子百家；民国时期，出现了一批大师、知识分子。**战乱时代大师辈出，然后刺客也跟着出来一大堆。**

说到民国刺客，首推汪精卫。汪精卫是大帅哥，这个人的一生很有意思，以刺杀别人成名，最后也遭人刺杀。现在看来，刺客也是门职业，需要专业技能。要成为一名合格的刺客，首先，得一个好汉三个帮。刺客也不能单打独斗啊，得有帮手。汪精卫找了黄复生、喻培伦、陈璧君三个同伙。其次，刺客做事得隐蔽。汪精卫他们就先开了家照相馆做掩护。第三，身为刺客，得有周密的计划。汪精卫对刺杀目标载沣上下朝的路线，做了细致的考察，最后决定在他的必经之路——一座小石桥附近下手。第四，身为一名刺客，还得有厉害的武器。汪精卫找了一家铁匠铺，定做了一个大铁箱子，里面放上炸药。最后，作为一名刺客，必须得有胆量。汪精卫让两个助手负责埋炸药，而他自己亲自去引爆炸药。刺杀任务准备得很充分，结果还

△ 按照约定俗成的概念，刺客同杀手、赏金猎人是不一样的。虽然司马迁《刺客列传》中描写的那些人，也有吃人嘴短拿人手短的，比如荆轲刺秦之前，"太子日造门下，供太牢具，异物间进，车骑美女恣荆轲所欲，以顺适其意"，但大体来说，刺客主要不是因为钱而出手。杀手和赏金猎人，则是以金钱为本，虽然在电影里他们偶尔也行侠仗义、快意恩仇。

△ 中国历史上有创造力的时期，都是大乱世。因为越是治世，皇帝就把老百姓的手脚和大脑捆得越厉害，比如中国历史上最勤奋、执政能力最强的皇帝是乾隆。每天早上，他起得比大臣们还早，早早坐在官里等大臣上朝。结果怎么样？"避席畏闻文字狱，著书都为稻粱谋"，执政能力太强，只能万马齐喑。相反，中国历史上最懒惰的皇帝则是万历。明代晚期，

皇帝 20 年不上朝，反而文学艺术繁荣一时。中国历史上第一个大动荡时期——春秋战国，催生了百家争鸣；第二个大动荡时期——魏晋南北朝，是中国艺术史上最重要的时期，出现了王羲之、顾恺之等一批文化大师，以及《广陵散》等一批传世之作。第三个大动荡时期，就是民国。

是失败了，汪精卫一伙被逮捕。

　　他未婚妻陈璧君急得似热锅上的蚂蚁，恨不能把家里的钱都拿出来，买通各种各样的人来营救汪精卫，再加上那时候清朝内部确实有相当一部分官员，认为应该跟革命党和解，大家应该以文明的方式，把这个国家向前推动，所以当时并没有把汪精卫杀掉。但是汪精卫觉得自己必死，因为他刺杀的是摄政王，目标多大啊！被抓住了以后，他写了一首诗，特别好，我觉得是刺客的诗里写得最好的之一。汪精卫写的是："慷慨歌燕市，从容作楚囚，引刀成一快，不负少年头。"这首诗一流传出去，汪精卫立刻成了全国年轻人的偶像。这首诗不是随便在家写的，说咱现在为赋新词强说愁，那是被抓住以后，面临凌迟处死、灭九族的处境时写出的一首漂亮诗，再加上人长得又帅，立刻成了偶像。汪精卫在整个民国时期，在革命党以及后来国民党中的地位，都是在此时奠定的。幸运的是他赶上了好时候，清廷内部斗争激烈，没有立即杀他，再加上爱他爱到死的陈璧君，费了特大的劲儿，买通各路人马，让判决能拖一天是一天，一直拖到武昌起义南北和解的时候，他最终被释放了。

一放出来，汪精卫就成了大英雄，当时如日中天。实际上在国民党内部，汪精卫的地位始终都比蒋介石高，因为这个时候蒋介石还不知道在干吗呢，汪精卫却已经名满天下——作为孙中山最忠实的追随者，再加上自己那首诗，中国人特别热爱这种能写出一手漂亮诗的人。他跟蒋介石之间一直有矛盾。蒋介石有军队，他有地位；蒋介石在南京弄一个政府，他就在武汉弄一个政府。1930年中原大战的时候，全国反蒋介石的军队，就公推汪精卫当政治方面的领袖，因为他一直有这个地位。1927年分裂了一下，最后又好了，宁汉合流。1930年的时候打一下，最后又好了，毕竟到了文明社会嘛，没有到赶尽杀绝，咱俩是政敌就把你杀了那地步。

到了1935年，以刺杀成名的汪精卫，第一次遇刺。刺杀他的那个人也挺有意思的，本来是想刺杀蒋介石的，也是热血青年，十九路军的一个排长——十九路军1932年在上海奋勇抗日，对不抗日的都怀有切齿仇恨。他找到了各路人士来帮忙，包括王亚樵也帮助了他，最后他化装成一

△ 成名要趁早。汪精卫此举，是他一生最重要的政治资本。是啊，你们看，我连命都不要了，我对革命，还不是最忠诚的吗？你们还不相信我吗？你们还不跟着我干吗？而中国人也确实非常吃这样的逻辑，此举为他赢得了无数死忠粉。

但这也是一种道德绑架。通过刺杀事件一举成名的汪精卫，事实上并不适合做政治领袖。他的性格中，文人气重，缺乏耐心，好冲动，太脆弱，缺乏深谋远虑、全面协调的能力。他在后半生，每次面临许多难解的重大政治问题时，都想以一死了之的方式解决。他动不动就说："果不幸而破裂，则从容东向自到，即可了事""除了以身为殉之外，了无办法""弟之办法至为简单——为日军所杀，与为袁政府所杀，两无所扞"。最终，他成为汉奸，从他自己的逻辑来说，也是一种"牺牲"，一种"精卫填海"，一种"我不下地狱，

谁下地狱"的选择。

　　胡适对汪精卫是很了解的,得知汪精卫死讯之后,他曾致函朋友说:"精卫以'烈士'出大名,终身不免受此'烈士心理'之累。'烈士心理'者,就是自认只要有牺牲精神,一切事情都可做,都不会错。'我生命尚且不惜,你们还不相信我吗？'他好像常常这样想。"

名记者。正好那时候国民党开大会,四届六中全会之类的。那一天特别巧,开完会以后,中央委员们一起合影,蒋介石就觉得哪儿不对,觉得浑身上下都不对,就坐在屋里不出来。汪精卫还亲自来请他,说现在要合影了,全体中央委员合影,这儿空一个椅子,正中间这个你来坐吧。蒋介石说我今天感觉不好,不知道要出什么事儿,就不去了,你就跟大家照吧。汪精卫本来也无所谓,说你不去正好,我坐正中间,我就是最大的大佬。汪精卫出去就坐那儿拍照,结果那个"记者"假装拍照,却拿出了枪。因为这位"记者"是怀着必死的心来杀蒋介石的,所以他到现场之前,已经吞食了大量鸦片,吞食大量相当于自杀,服毒自杀,所以也等不了蒋介石,说那蒋介石不来,就杀汪精卫吧。结果汪精卫特倒霉,中了三枪,要不是张学良,就被打死了。因为当时坐在第一排里最重要的、最年轻的,数将军出身的张学良最为勇敢。那个"记者"刚开了三枪,手里的枪就被张学良一脚踢飞了。汪精卫脊椎上挨的那颗子弹一直都没取出来,后来他一直受病痛折磨,一刮风下雨就疼。

这件事给了汪精卫巨大的刺激，当时蒋介石听见枪声以后就冲出来了，蒋介石冲出来以后，马上抱起在血泊里的汪精卫，陈璧君也冲上来了。陈璧君一生爱汪精卫爱得不行，你当汉奸，我陪你当汉奸，你革命，我陪你革命，你刺杀我刺杀，你死我死，到了这个地步。蒋介石抱起汪精卫问怎么回事，陈璧君冲上来，当时就跟蒋介石说，蒋先生，你要不想让汪先生做行政院长（就相当于总理，当时汪精卫做的是这个职务），你说就好了，不要下此毒手嘛。全国人民都以为是蒋介石干的，因为蒋介石跟汪精卫两人一直不合。后来经过调查证实，不是蒋介石授意刺杀汪精卫的。蒋介石真的要杀汪精卫，有的是办法，汪精卫手无寸铁，蒋介石几百万大军，他用不着在中央委员照相的时候将他打死，他可以在任何时候——汪精卫睡觉的时候、上厕所的时候，怎么杀都行。

**汪精卫这一次被刺杀，有点儿冤。可接下来的刺杀就一点儿不冤了。** 接下来他成了大汉奸，天字第一号大汉奸，投靠了日本。当了汉奸这件事很严重，因为他作为党内最高威望的领袖之一投靠了日本，

△ 汪精卫这个人，和刺客还真是有缘。他最崇拜的古人之一是中国历史上最著名的刺客荆轲，他写过一首诗，叫《述怀》，里面写道："驱车易水傍，呜咽声如昨。渐离不可见，燕市成荒寞。"

汪精卫是民国符号性人物。要了解民国，就要了解汪精卫。要了解汪精卫，先要了解他的名字。学者叶嘉莹说，汪一生如同"精卫"一样，不顾一切地去追求不可能的事。汪精卫也写过以"精卫"自喻的诗："衔石成痴绝，沧波万里愁。孤飞终不倦，羞逐海鸥浮。"这种"精卫情结"又可以叫"烈士情结"。什么是"烈士情结"呢？就是寻找一次壮烈牺牲的机会，总想在戏剧化的牺牲中完成和升华自我。汪精卫写过一篇《论革命之道德》的文章，他说革命党人的将来只有二途，或为薪，或为釜。薪投于火中，顷刻化为灰烬，是为革命之"烈德"；釜于烈火中受尽

第四期 · 刺客列传（上） 张宏杰点评

煎熬，是为革命之"恒德"。他说自己："平生慕慷慨，养气殊未学。哀乐过剧烈，精气潜摧剥。"

大家都在团结抗日的时候，他却突然瓦解了组织，而且带走了一大堆人，先跑到河内去了。蒋介石震怒，说必须把这个汉奸杀了。于是戴笠派出了十八罗汉，到河内去杀他。这十八罗汉真的挺勇，天天埋伏在汪精卫住处四周，想着各种各样的方式去杀他，最后，各种各样的计谋都没成。最后怎么办呢？十八罗汉准备牺牲自己，跟他拼了，采取了强攻，这十八罗汉拿着枪就冲进去了，然后拿斧子劈门，一路冲，冲进去，从一楼冲到二楼，然后到二楼又拿斧子劈，结果没劈开门。汪精卫非常狡猾，他自己就是刺客出身，也被刺杀过，他每天就在这间他们认为是他的卧室里待客，跟人聊天，等等，但晚上其实不睡在这间屋子里，这间屋子是他的秘书曾仲鸣的，结果曾仲鸣被杀。刺客们以为已经杀了汪精卫，就回去了，回去以后，第二天从内线得到消息，杀的不是汪精卫，是曾仲鸣。因为这次刺杀事件，汪精卫从此跟蒋介石彻底翻了脸。

汪精卫后来很痛苦，跟日本人合作的时候。汪精卫后来病发，就是从他的脊椎开始，本来就很痛苦，还被国人戳着脊梁骨骂。然后日本人还让他做这个那个的,本来日本人跟他说好的,这儿就归你管了,结果他完全就是傀儡,跟溥仪在东北一样,完全得听日本人的。最后日本人不行了,尤其是美军参战了以后,越来越不行了,汪精卫就越来越痛苦。日本人找汪精卫说,再拿一百万担粮食吧,再来二十万壮丁,我们要去支援东南亚战场。汪精卫就特别痛苦,结果日本人逼宫,逼到汪精卫府上。汪精卫听说日本人冲进来了,赶紧从楼上下来,结果从楼上下来时,由于太焦虑,一脚踩空滚了下去,滚下去以后,撞到了一个楼梯拐角,脊椎里还藏着的那颗子弹导致他一下子旧病复发。然后到日本去治病,当时有传闻说汪精卫死在了日本,其实他是制造了一个假象,让大家以为他还在日本治病。实际上治得差不多的时候,他就秘密回来了。回来了以后就在上海,他发了一封电报给陈璧君。如果不发这封电报,军统还不知道他已经秘密回到上海,因为他把自己的孩子都留在日本,就为了让大家误认为他在日本,结果陈璧君当时在广东。军统知道了汪精卫在上海,军统买通了医生、护士等,在他治疗的药

△ 汪精卫是清代之后的大诗人之一，诗词都颇可一读。他本质上可以说是一个文人。左舜生评价汪说："大抵汪之为人，富感情而易冲动，经不起刺激，偶然也喜欢弄一点儿小聪明，多少带一点儿党人的积习，但本质则仍不失为一读书人。"

汪精卫身上的自命清高、多愁善感、脆弱多情，都是中国传统文人的文化性格。面对复杂阴暗的政坛，他经常有众人皆浊我独清的感觉。他的诗中经常可以见到"终留玉洁冰清在，自与嫣红姹紫殊""如此独醒还独醉，几生修得到芙蓉"等句子。汪精卫经常被自己感动，一举一动常带某种"表演性"。文人气的另一个表现，就是他对个人情绪情感往往不能很好地控制。他自视极高，嫉妒心强，不甘人下，往往高估自己的能力，太理想主义，太不现实。

他资历比蒋介石老，成名比蒋介石早，职位长期高于蒋介石

里下了毒药，当然毒药是慢性的，毒了一阵子，才把汪精卫毒死。

**汪精卫这个人挺有意思的，以那么英勇的革命者身份到北京刺杀当时的摄政王，还写了那么漂亮的诗，那么有地位，最后却沦落到被人刺杀的下场，真是件让人非常浩叹的事情。**

过去的刺客多是男性，民国时却有两位巾帼英雄不得不说，其中一位便是施剑翘。施剑翘的父亲是奉军军长，在直奉战争期间，被直军的孙传芳俘虏了，俘虏以后，被斩首了。施剑翘立志报父仇，用了10年。先让她哥去干，她哥最后怂了。然后嫁老公的时候，说得清清楚楚，说你替我父亲报仇，我嫁给你，可她老公最后又退缩了。施剑翘为了报父仇，又跟她老公离婚，说你干不了这个事儿，我自己干。施剑翘离婚以后，辗转用各种办法找孙传芳，直到10年以后——1935年的时候，施剑翘终于抓住了孙传芳去庙里上香的机会。那地方是居士林，在天津，施剑翘拿了一把左轮手枪，到了那个地方等着孙传芳，孙传芳来上香，施剑翘几枪将孙传芳击毙，击毙以后，不走，立刻展开一个横

幅：我自首，我是为父报仇。这件事当时轰动全国，巾帼英雄为父报仇，中国人民内心深处，还是有这种情怀的。然后，所有的报纸为她请命，她的判决也持续了很久，一直都是那一年的新闻热点，经过三审，好几个月，最后判她7年监禁。因为无论如何你杀人了，而且不是在战场上杀人，战场上你把孙传芳打死了，当然没问题，但是孙传芳那个时候已经是一个居士了，已经是下野的一个平民，你把他打死了，最后被判了7年。被判7年以后，各方大佬、精英又开始奔走呼号，说这样一个巾帼英雄，实际上是秉承了中华民族优秀的各种传统等，她不能被判7年，应该特赦她。**这个在民国历史上还是很少见的，最后施剑翘坐了11个月牢以后，被政府特赦出狱，成为当时轰动一时的巾帼英雄。**

另一个巾帼女英雄是郑苹如，她就是电影《色·戒》里王佳芝的原型。郑苹如这个人很有意思，她母亲是日本人，她是中日混血，长得非常漂亮，父亲又有地位，19岁便成为当时社交圈里的名媛，受到各方人士追求。但是这个人爱国，父女俩都很爱国，虽然母亲是日本人。这个事情很

所以与蒋介石有着深刻的瑜亮情结，不甘心后来落于蒋的下风，总想找到一举翻盘的机会。所以，他见到机会就跃跃欲试。《国闻周报》一署名"客观"的记者，曾评论汪说，"时人誉蒋为英雄，汪乃欲以一书生羁勒武人，以口舌笔墨取蒋而代之，汪不自量力度德，宜其败也"。这是他成为汉奸的另一个原因。

△ 很多人对施剑翘的了解仅限于此，再介绍一下施剑翘的后半生。出狱之后不久，七七事变爆发，这位女侠给时任湖南省政府主席的张治中写了一信封，就8个字："我要求做抗战工作。"名人效应就是厉害，张治中立刻给她封了个省抗敌后援总会慰劳组主任，从此投入抗日。解放后，她任苏州市妇女联合会副主席。后来又被安排为北京市政协委员，1979年去世，终年74岁，骨灰葬于苏州城西天灵公墓。

△ 郑苹如的父亲是追随孙中山奔走革命的国民党元老郑钺，母亲是郑钺留学日本结识的日本名门闺秀木村花子。当时郑苹如就读于上海政法学院，是上海滩有名的美女。上海最具影响力的第一画报《良友》第130期就曾以她的照片作为封面。

△ 丁默邨原是国民党特工系统的人物，地位一度与戴笠相当，张国焘叛党出逃事件，就是他一手策划的。但丁默邨为人处事锋芒过露，被戴笠排挤，遂投靠日本人。

有意思，周作人也娶了个日本老婆，最后就成了汉奸。日本人来了，所有知识分子都离开北京，他却留了下来，他的留下对保护北大起了点作用，但无论如何也是汉奸。但是**郑苹如**和她父亲就不是，她父亲也娶了个日本女人，至少她身上有一半日本人的血，或许多少有点儿这个原因，她需要通过特别爱国来证明自己不是汉奸，所以抗战军兴时参加了"中统"，一直做特工，最后做到丁默邨（《色·戒》里易先生的原型）那里去了。**丁默邨**，"76"号大特务头子。丁默邨是很爱她的，最后她刺杀丁默邨，就跟电影里演的一模一样，去买东西，然后丁默邨跑了。丁默邨是特务头子，一看到蛛丝马迹就跑了，郑苹如居然还心存侥幸，说丁默邨可能还信任我，我自己带一把枪进去，把他杀了，丁默邨也将计就计，郑苹如真揣着一把枪去了，进去以后就被抓住了。被抓了以后，实际上丁默邨是不想杀她的，丁默邨很爱这个人。《色·戒》里头其实拍到了一部分，男女之间的那些东西太痛苦了，爱国、理想、崇高是一方面，男女之间的情感还是有的。

郑苹如是非常讨男人喜欢的一个女

人,最后丁默邨也失控了。郑苹如被抓后,丁默邨的老婆背着他把郑苹如转移到其他监狱去了,这人找不着了。紧接着惊动了汪伪最高层,高层说中统特工来杀我们,绝对不能放过,最后下令把她枪毙。结尾有点儿意思,跟电影里演的不太一样,当时就她一个人,一个年轻军官带人押她到行刑的地方去,本来是说转个监狱,但是到了荒郊野外,让她下车,她明白是怎么回事了。郑苹如最后说了几句话,我觉得特别有血有肉,特别有意思。因为她貌美嘛,那时候才23岁,风华绝代,那个年轻军官都不敢看她,最后也不忍心下手。当时她跟负责押送她的年轻军官说,你我相处这几日算是有缘,你今天愿意带我走,我就愿意跟你走,但是如果你没有那个意思,那请你开枪的时候不要打我的脸,我不想相貌被破坏。年轻军官当时手都直哆嗦,谁敢在这个时候枪口下救人,实在太吓人了。虽然郑苹如风华绝代,最后那个军官还是下令冲她开枪,但是别打脸,就这样牺牲了。这是一位非常值得纪念的女英雄、女刺客。

　　刺客分很多种,职业刺客自不必说了,

荆轲、要离这样的都是职业刺客，就是我养你，最后你帮我杀人。另外，报仇刺客也是一种，刚才提到的施剑翘就是。但是为了国家民族，为了理想当刺客，应该是最崇高的一种刺客，年轻时的汪精卫、郑苹如都是为了国家，为了理想去刺杀的，年轻时的汪精卫是为了驱逐鞑虏恢复中华，郑苹如是为了抗日，那时的他们都是非常值得纪念的。

刺客最多的一个是战国时期,一个是民国时期,巧的是,大师最多的也是战国时期跟民国时期。

晚清末年,实用主义刺客压过了理想主义刺客的风头,大家普遍都希望清王朝灭亡。

汪精卫年轻时刺杀摄政王载沣未成,结果却成为当时全国人民的偶像。

民国有名的女刺客施剑翘,为报父仇,等了10年终于抓到机会刺杀了孙传芳。

电影《色·戒》里王佳芝的原型郑苹如也是个很有女人味的英雄。

第四期 · 刺客列传（上） 变态辣椒漫画

张宏杰 点评

第五期
刺客列传（下）

西方一直有刺杀的传统，从刺杀恺撒开始，这个传统一直在延续。

第一次世界大战跟第二次世界大战有很大的不同，第二次世界大战不管在什么情况下都是会爆发的，因为有大量的原因促使它爆发，比如深重的经济危机，德国、日本的野心，等等。但西方的各种观点认为，"一战"其实不是一定会爆发的，"一战"最后擦枪走火，多半是因为误解造成的，"家事"最后演变成世界大战。"一战"最后几个宣战国的君主都是亲戚，**英王是维多利亚女王的亲孙子，德皇是维多利亚女王的亲外孙，俄罗斯沙皇是维多利亚女王的亲孙女婿**，本来都是一家子，结果因为斐迪南大公被刺杀导致大家不再和睦相处，互相擦枪走火，各种各样的误解，最后导致了大范围的战争爆发。英、德、俄当时没宣战，而是拖了一两个月，大家最后才都走上战争轨道。斐迪南大公在萨拉热窝被刺，是一个非常巧合的事件，由此爆发了人类历史上第一次世界大战。

说到斐迪南大公，他跟一个大家都熟悉的人有关，就是茜茜公主，茜茜公主最后也被刺杀了。茜茜公主，全名伊丽莎白·亚

△ 贵族社会的传统是贵族只能与贵族通婚，不能娶平民。这一点中国的先秦和后来的欧洲是一样的。只有这样，他们的孩子才是合法的爵位继承人。所以欧洲王室的关系很复杂。

英国的维多利亚女王被称为"欧洲的外祖母"，为什么呢？因为她的几个女儿，长女维多利亚嫁给了德意志第二帝国皇帝，次女爱丽丝公主嫁给了黑森达姆斯塔特大公，海伦公主嫁给了石勒苏益格-荷尔斯坦因公爵，路易丝公主嫁给了阿盖尔九世公爵，小女儿比亚特里丝公主则嫁给了巴登王子。这种错综复杂的亲戚关系，和中国春秋战国时代非常相似。

那么有人说了，大家都是亲戚，是不是就不打仗了呢？完全不是。春秋战国还不是乱成一团。欧洲也是这样，德皇威廉二世与沙皇尼古拉二世是表兄弟，与英王爱德华七世是舅甥。结果他们之间在第一次世界大战中仍然打得你死我活。

第五期·刺客列传（下）张宏杰点评

美莉·欧根妮，巴伐利亚女公爵，嫁给了英俊高大的奥地利皇帝弗兰茨·约瑟夫一世。茜茜公主一生比较惨淡，当初爱上约瑟夫一世时，不假思索地就嫁了，嫁了以后特别不快乐，被皇宫里各种各样的繁文缛节搅得日渐失去光彩，她本来是爱骑马、爱玩儿、爱旅行的一个阳光少女，结果却成了深宫里面的一个怨妇。她唯一的儿子鲁道夫，以后是要继承皇位的，也不知道怎么了，或许是从他母亲那儿遗传了情种的基因，爱上了一个17岁的贵族小姐——当时他已有老婆。他父亲死活不同意，说你必须结束这段关系，结果鲁道夫大公和这位贵族小姐双双殉情，他先打死了自己的情人，而后自杀了。茜茜公主非常痛苦，然后到处旅行，令人非常伤感的是，旅行到日内瓦的时候，被一个有病的人刺杀。其实那人就是个无政府主义者，老想着刺杀各种贵族，原本想刺杀一个公爵，结果公爵临时改了行程，没去日内瓦，恰好茜茜公主到了日内瓦。因为她是皇后，所以报纸就报道她的行踪，那哥们儿一看，既然刺杀不了公爵，把这个皇后刺杀了不是更好吗？他拿一把锉子，一下击中正在路上走着，马上要上船的茜茜公主，茜茜公主自己爬起来上了船，最后在船上倒下了。她一生很悲惨，自己的儿子自杀了，自杀之后由于没有王储了，于是就让皇帝的侄子斐迪南大公当了王储。结果这个王储最后在萨拉热窝也被刺杀。女孩子嫁人的时候要想好了，嫁给王子或皇帝虽好，但也意味着自己人生的很多自由、乐趣都没有了，看看**日本现在的太子妃**，有点儿像当年的茜茜公主，整个人的精神都不对了。

斐迪南大公本人是一个很开明的人，他主张塞尔维亚人获得自治权和更多的自由，结果却遭人刺杀。这位大公是军人出身，比较勇武，他本不会死的，刺杀他的那几个人也都没经验，就是几个热血青年跑到萨拉热窝来逞逞能。他的车开过去的时候，那些人里敢动手的没几个，只有一个人扔了一枚炸弹，炸弹没扔到他的车上，扔到他后面那辆车上了，炸死了几个人，结果他居然在后边那辆车被炸死几个人的情况下，不为所动，继续访问，继续跟大家招手。因为他是王储嘛，萨拉热窝当时还是属于奥匈帝国的。人民在两边夹道欢迎。斐迪

△ 日本太子妃雅子，英美名校毕业，通五国语言，才华横溢，与德仁结婚前一度被视为日本外交界前途无量的明星。但进入皇室后，她不能有自己的电话号码，不能自由外出，很难获准回自己的娘家，在宫中众侍者面前也不能随便行动坐卧。而德仁皇太子似乎也不是一个很有趣的人，所以雅子精神就出了问题。2004年7月，日本宫内厅宣布雅子患有"适应障碍症"，不再出席官方活动。

南大公进了市政厅,还发表了一个演讲,完了以后他说,刚才后边那辆车里有我的副官什么的,有被炸伤的,我得去看望一下人家,然后又坐着他的敞篷车出来了,又去医院看望他的副官。结果那些刺杀大公的人中大部分炸了一个车就跑了,只有一个哥们儿没跑,一直在那儿等着,其实也不知道等什么,也可能傻了,在那儿站着。他没想到大公会回来,结果正好车又开回来了,司机走错了路。因为车子要掉头,所以一下子慢了下来,正好停在这个人跟前,相隔几米远,这个哥们儿拿起枪,把大公夫妇给打死了。这完全是个巧合,但大公夫妇遇害以后,导致欧洲各国之间开始密集外交,各种试探什么的。其实德皇也没当回事,奥匈帝国也没太当回事,因为斐迪南大公也不是他亲儿子,甚至连独立调查团都没组建,也没有举行什么追悼会,大家都没特别当回事。只是一来二去,在一两个月之内慢慢酝酿成了一次惨绝人寰的世界大战。这是一次改变欧洲格局的战争。

另一个重要的刺杀事件,发生在苏联

时期。斯大林掌政后期，实行了大规模的肃反运动，杀了上千万的苏联人，是苏联最惨痛的回忆。肃反的导火索是从 **1934 年基洛夫被刺杀开始的**。基洛夫当时的职务是列宁格勒州的州委书记，是很重要的一个州的州委书记，在政治局里排第八。基洛夫是斯大林最铁的哥们儿，最信任的人。信任到什么程度呢？就是他去克里姆林宫跟斯大林聊天，聊到很晚了，斯大林把床让给他睡，自己睡沙发。斯大林，一个独裁者，别人正眼都不敢看的人，对基洛夫好成这样。结果呢，基洛夫无缘无故被一个叫**尼古拉耶夫**的人给刺杀了。至于这个人为什么要刺杀基洛夫，到底有什么阴谋，到今天依然无解。**有人说，是因为他（尼古拉耶夫）老婆跟基洛夫有关系，他老婆是一个大美女，列宁格勒州州政府下面的一个女公务员，他被戴了绿帽子，所以杀了基洛夫**。他自己也记了日记，但是没有说他老婆的事，只说他觉得失望，觉得对各种事，对自己被开除党籍等很失望，准备搞刺杀。

基洛夫被刺杀到今天也是个疑案，但有一个小细节，让人觉得这个事儿没那

△ 谢尔盖·米罗诺维奇·基洛夫是苏联史上的重要人物，今天俄罗斯的基洛夫州就因为是他的诞生地而得名。他18岁参加革命，参加过十月武装起义，做到联共（布）中央政治局委员、中央书记。

△ 1934 年 12 月 1 日下午 4 点左右，基洛夫进入州委办公大楼斯莫尔尼宫，并沿主楼梯来到了 3 楼，快走到自己办公室时，后脑中枪倒地。闻声冲出来的工作人员及警卫人员在基洛夫的尸体旁抓住了手持左轮手枪、看上去有些神经质的刺客尼古拉耶夫。

△ 尼古拉耶夫精神不太正常，性情暴躁，喜怒无常，总是不能在任何单位工作很长时间，无数次更换工作之后，因违反纪律被单位双开了：开除出党，开除公职。结果，他开始了漫长的

上访生涯。他不停地向各级党政机关及各位领导人，包括斯大林本人，写信控诉自己受到了非人待遇。尼古拉耶夫的妻子米尔塔长得挺漂亮，1933年她调任轻工业人民委员部列宁格勒管理局监检书记。管理局就设在斯莫尔尼官内。基洛夫和米尔塔·德拉乌列因此就认识了。但是两人是否有私情呢？没有任何证据。

△ 这个警卫队长叫鲍利索夫，出车祸时车上有很多人，其他人一个也没有受伤，就他一个人死了。所以也有人传鲍利索夫其实是被一根金属棍打死的。

△ 1935年1月18日，联共（布）中央发出关于基洛夫惨遭杀害的秘密信，警告各地党组织要提高革命警惕，防止敌人采用"极端手段"来反对苏维埃政权。秘密信要求各地动员所有力量去击溃敌对

么简单。什么小细节呢？基洛夫作为苏共排在第八位的党和国家领导人，当然是有自己警卫的，警卫的负责人一直是跟着他的，可基洛夫就是在自己的办公室门口被打死的。基洛夫被刺杀身亡的消息传到莫斯科，斯大林疯了，震怒，立即叫上一堆党和国家领导人，乘专列到列宁格勒，亲自调查，亲自审问。到了那儿以后，亲自传讯了这个刺杀的人，亲自调查了各种各样的人，**但是就在斯大林要传讯基洛夫的警卫队长的时候，这个警卫队长在来见斯大林的路上，出车祸被撞死了。**这是个有意思的事情，跟肯尼迪总统被刺杀很像。当时这个警卫队长就在身边，他是目击证人，结果他在去见斯大林的路上被撞死了。谁这么大胆，敢在斯大林面前这么放肆？这件事情到现在也没有查出来怎么回事，基洛夫被刺杀，直接导致斯大林像疯了一样，觉得有特务，有内奸，有人反他，结果开始推行了极为残酷的**苏联大肃反**，5个元帅被杀了3个，包括当时苏军最优秀的统帅图哈切夫斯基。

3个元帅被杀，留了2个老的，斯大

林就说，你们都是托洛茨基派来的。列宁去世以后，斯大林有一个政敌叫托洛茨基，地位其实不比斯大林低，甚至更高，应该叫红军的缔造者，但是在斗争中失败了，流亡了。托洛茨基流亡十多年以后，还是没跑成，斯大林又派刺客，一直追到墨西哥，结果托洛茨基在墨西哥被人用斧子给砍死了。托洛茨基那个时候在墨西哥已隐居多年，还跟墨西哥著名的美女大画家弗里达谈了恋爱，藏在她家，最后还是被刺杀了。

斯大林对托洛茨基始终都有那种警觉，因为他缔造了红军，老觉得红军里都是"托派"的人。基洛夫被刺杀，他那根筋又起来了，仇恨加上对托洛茨基的疑心，于是开始大肃反，5个元帅杀了3个，16个集团军级的军团长杀了15个，67个军长杀了60个，师级干部就不用说了，师旅级干部大概60%都被杀了，15000个优秀军官被杀，40000名军官被发配。很多苏军的精锐军官都被清算掉了，很多部队根本就没有指挥官，全是政委带队，导致苏德战争爆发的时候，红军不堪一击。苏德战争头半年，苏军400多万人被歼，德

分子，深挖反革命巢穴。在列宁格勒，掀起了大逮捕的第一个高潮，被称为"基洛夫激流"。

军损失很小。后来苏军那些指挥官,很多都是从集中营里放出来的,说不行了,打仗了,别管什么"托派"分子了。罗科索夫斯基都直接从监狱里被放出来了,剩下的朱可夫、华西列夫斯基都是从年轻军官中间提拔起来的,后来才慢慢能跟纳粹打起来。

　　肃反事件,苏联历史上最大的事件,跟基洛夫被刺杀有很大关系。这件事情,后来被连续利用,因为刺杀事件调查不清楚的时候,大家就互相指认。民国时也是宋教仁被刺杀,然后这边说北洋政府干的,那边说蒋介石干的,反正每一次刺杀,大家都赖在对方的头上,然后做政治的发酵,政治的利用。基洛夫被刺杀,也是后来赫鲁晓夫拿来反斯大林的一件事。斯大林死了以后,在苏共中间发生了很大的清算斯大林事件。因为肃反的时候,那么悲惨,大家都亲身经历,清算斯大林的时候,赫鲁晓夫就把基洛夫这个事拿出来,说这就是斯大林干的。包括最后一任苏共总书记戈尔巴乔夫,也还是把这个事儿拿出来说,把基洛夫被刺杀这件事情拿出来重新调查。每一次调查基洛夫被刺,实际上都只是苏共内部斗争的一个砝码。

美国历史上最著名的刺杀,很多人都知道,就是刺杀总统。先后有4位总统被刺杀,被刺了没死的总统还有好几位,美国总统始终都处在被刺的危险中,最近被刺的是里根总统,被一个神经病所刺,就是约翰·欣克利。他毫无政治观点,跟里根也没什么仇怨,只因他爱上了朱迪·福斯特。朱迪·福斯特那个时候演了一部电影《出租车司机》,跟罗伯特·德尼罗演的,她在里面演一个雏妓,爱上了一个出租车司机,那个出租车司机去刺杀总统了。**于是这哥们儿闲着没事儿干,说原来她爱刺杀总统的人,那我也去刺杀一个总统吧,结果跑去,冲着里根开了一枪,打到了里根右胸上,还打死了一名保镖。**从这件事上还诞生了一句名言,就是美国到现在每次禁枪都会引用里根总统的那句话:是人杀人,不是枪杀人。

林肯被刺,算是美国这么多总统被刺中,除肯尼迪之外最著名的。还好林肯被刺杀时,南北战争已经结束了,要不然美国历史还不知道是个什么样儿呢。因此林肯被刺杀,只是他个人的悲剧,当然也是

△ 约翰·欣克利的父亲是科罗拉多州一家石油公司的总裁。欣克利性格内向,迷恋披头士,常常宅在家里写诗、作曲,听摇滚音乐,一心想做摇滚歌星。1976年,他飞往洛杉矶,希望以作曲家的身份在好莱坞成名,没有成功。不过他在家书中虚构了一个叫作林恩·柯林斯(Lynn Collins)的女明星,说自己正在追求她,骗了父母不少钱。刺杀里根后,他因查出有精神病而被法庭裁定无罪。此后,欣克利一直在华盛顿一家精神病医院就医。

△ 其中比较雷人的一个猜测是，肯尼迪因外星人信息"被封口"。英国《每日邮报》报道，肯尼迪遇刺身亡前10天，曾命令中情局局长公开关于飞碟的高度机密文件。UFO专家由此猜测认为，肯尼迪的遇刺或许与那些不想公布UFO真相的人有关……

美国人民的悲剧，他的悲剧并没有直接影响到历史的进程，没有影响南北战争的进程。**但肯尼迪总统被刺杀就不同了，直接影响了美国后来的历史，其影响一直持续到今天。但关于刺杀，没有任何结论。**实际上到今天也没有找到凶手，按说已经过去50年了，2013年正好是解密年。美国档案是50年解密——世界上很多国家都规定档案50年解密——相信有关肯尼迪总统被刺杀的谜团很快就会有结果。

其实解不解密都已经不重要了，你今天问美国人，是谁刺杀的肯尼迪总统，大多数美国人都会说，就是林登·约翰逊。其实这是美国人猜测的结果，并没有证据证明是林登·约翰逊刺杀了肯尼迪总统。美国人只是从几个角度来想的，一个叫作谁获益，谁的嫌疑最大。肯尼迪总统死了，谁最获益？首先是林登·约翰逊最获益，因为他是副总统，直接就继任总统了。再就是他背后那些军火集团最获益，肯尼迪总统是想结束越南战争的，不想在越南扩大战争，那时候还没有开始大打，肯尼迪总统本人是不想在越南大打的，但他的主张影响了美国大量军火商的生意。大家知道，大炮一响黄金万两，有很多人是大发战争财的，并且有很多人喜欢打仗，有些人是出于政治理念，但更多的人是出于军火商的利益。林登·约翰逊背后，就有很多这种利益集团，这些利益牵扯不难让人联想他跟肯尼迪总统被刺杀的事情有关。

在美国人心目中，肯尼迪总统有着非常崇高的威望，他一届任期都没做完就被刺杀了。当然了，他长得帅，也是他在美国人民心目中拥有崇高地位的原因。再有就是，他现在还保持着演讲速度的记录，一分钟大概能说一百几十个字，他也是美国历史上唯一信奉天主教的总统，这在美国很不容易。美国是新教徒逃到美洲大陆建立的国家，所以美国的历任总统，开始全是WASP，就是白种的盎格鲁-撒克逊新教徒。到现在这项规定已经被打破了，奥巴马总统虽是新教徒，但他是黑人，**信奉别的宗教的，信奉天主教的，肯尼迪总统是唯一的一个，而且是极少数被美国人民直接以代号称呼的总统，即JFK**。在美国说JFK，大家都知道说的是肯尼迪总统，这个待遇在美国是极少的，大概也只有JFK和FDR，FDR就是罗斯福总统。

△ 肯尼迪还有两个纪录：一个是1960年当选美国总统时，是美国历史上最年轻的当选总统；一个是美国历史上唯一获得普利策奖的总统。

第五期·刺客列传（下）张宏杰点评

罗斯福总统带领美国人民打赢了第二次世界大战，是美国人民最最敬仰的人之一，也是唯一连任超过了2届的总统，连任了4届。而肯尼迪总统对于美国最大的一个功绩，我个人认为，是冷战时期在古巴危机中力挫苏联，让美国和西方世界扬眉吐气了一回。因为之前东西方有那么几次小的冲突，包括柏林危机、空运等，都没有古巴危机这次大。肯尼迪总统以坚强的意志在古巴危机中赢了，最后逼着苏联把部署在古巴的中程导弹都拆了。古巴离美国最南端的基韦斯特岛只有140多公里，苏联当时没有那么多洲际导弹能打到美国，于是，把中程导弹部署在古巴，这样一下就能打到美国各个地方。肯尼迪总统不仅逼迫苏联把中程导弹拆掉运回苏联了，而且还让苏联接受了美国海军的检查，这个导致肯尼迪总统威望非常高。所以，肯尼迪总统被刺杀在美国人民心中，是一个巨大的伤痕。

当时他被刺杀得很蹊跷。他跟夫人杰奎琳到得克萨斯州首府达拉斯去为连任拉选票，因为他支持民权运动，所以他在南部的票仓受到了影响。虽然那时候黑人在法律上已经不被歧视了，但南部实际上还是歧视黑人的，一直到20世纪70年代才慢慢好起来。得克萨斯州达拉斯，正好是美国大部分军火商的大本营，当时很蹊跷的是，负责警卫的总统特勤队临时以各种各样的原因被调走，最后由达拉斯的警察局负责总统保安，当然留下了一两个特工人员，后边车上有一个，前边车上一个，其他的人员都是从达拉斯警察局调来的警察，这已经不符合总统出行的惯例。肯尼迪总统当场就被打死了，打得脑浆都出来了，后脑勺儿打飞了一块头骨。那个刺客当时就被抓住了，被抓住以后，居然在上百名达拉斯警察的押送下——是警察，不是总统特勤队，不是特工在押送他——另外一个人拿着枪，穿过重重警卫，走到这哥们儿跟前一枪把他打死了。当着那么多警察的面，刺杀总统的要犯被打死了。然后打死他的那个人，当天夜里在监狱里死了，自杀了，完全死无对证了。

肯尼迪被刺杀这个案子实在是太蹊跷了，什么样的人，有什么样的 power（权势）能做到这些？这样的刺杀案，如果不是有非常强大的背景绝对办不到。

怎么能做出这样的惊天大案来？一个小集团想刺杀一个人，有那么容易吗？刺杀里根的当场抓着了，刺杀林肯那个也抓着了，唯独刺杀肯尼迪这个最后死无对证。而且说刺杀肯尼迪的就一个人，但其实不是一个人，最后各个方面证明，肯尼迪前面挨了一枪，后面又挨了一枪，至少有三个方向在朝他开枪。而后组成的调查团做了大量的调查，写了那么厚的报告，也没什么结果，后来又曾经启动过一次调查，也没什么结果。当然这些文件解密了，官方也不会说是林登·约翰逊干的。但老百姓这么想，因为他获利最大，他不但继任总统，还借肯尼迪的光芒在接下来的大选中获胜，他当时就在空军一号上继任总统，甚至有的阴谋论，包括电影里，拍的他都是准备逃了，打算失败后干脆坐着飞机逃跑，等等。

△ 迄今为止，已约有40000本关于约翰·肯尼迪的书问世，而2013年11月恰逢肯尼迪遇刺50周年的日子，又有上百本新书在北美上市。

**美国有大量关于肯尼迪总统被刺杀阴谋论的书和电影。** 再者，肯尼迪总统一死，约翰逊立刻变了。肯尼迪总统不扩大越南战争的政策，到了约翰逊手里变成了大规模干预越南战争。越南战争正式大规模开打，大批美军登陆，真正去打是1965年。

肯尼迪总统被刺杀是1963年，1964年大选，1965年林登·约翰逊一连任，他也不叫连任了，他本来是上一届替肯尼迪总统当了一年总统，紧接着就扩大越南战争，那些军火商高兴死了。大批美军1965年开始进入越南，然后，越南战争扩大到一发而不可收拾。一打打了8年，之后还断断续续的，实际上整个越南战争打了10年。

10年间死了那么多美军，死人虽是一件特别大的事情，但更大更重要的是撕裂了美国社会。在越战之前，美国社会是空前团结的，大家非常相信自己的制度，非常信任自己的国家，非常以这块土地自豪。每个美国人都觉得他们的制度是世界上最好的制度，他们的政府是最清廉的、最好的，他们这块土地叫 this island of freedom，就是最好的一块土地。对军人也是非常非常尊重的，服过兵役的人都会受到左邻右舍的帮助——即便美国人不太爱帮别人，比如恨不能替你去除草，替你去买菜，每个主流城市的街道上都挂着那个城市参军人的名字，比如你参加的是 Navy（海军），Air force（空军），还是 Marine corps（海军陆战队）等。结果越战严重地伤害了美国社会。越战期间,美国人看到了他们实际上是在作恶。大家都看到过越战期间一些著名的照片,像一个小女孩,光着身子,从被燃烧的村庄里逃出来,然后一个人在街边被枪毙,这些照片在美国人民心中留下了巨大的伤痕。从那个时候开始,美国爆发了有史以来最大的革命,就是1968年、1969年、1970年,全美国人民起来反对越战,所有学生都开着圆头Volkswagen(大众汽车),到华盛顿参加百万学生大游行,大家抗议政府,大家反战,大家吸毒,大家玩摇滚乐,大家喊口号,"要做爱不要作战",整个美国社会一下子从原来一个很保守的、很稳定的社会,变成了一个躁动的社会,而且持续了很多年,严重地打击了美国人民的信心,撕裂了美国社会。一直到20世纪80年代里根上台,才开始慢慢重拾美国人民的信心,但是重拾到现在也重拾不回来。大家可以看好莱坞电影,特别明显,越战之前的好莱坞电影,坏人都是商人,或者科学狂人,坏的科学狂人要毁灭世界,商人尔虞我诈。越战之后的电影里,反面角色都变成了政治家、政客、政府官员、中情局长,等等。越战之前,大家对政府很有信心,所以电影里政客很少做反面角色,可越战之后的电影,一直到今天,好莱坞电影里,已经几乎没有商人是反面角色,因为今天的美国已经是从原来贫富比较有差距,变成了中产阶级占大多数的一个社会,所以在不仇富的情况下,商人、富人已经很难成为电影里的反面角色,反面角色都是政客,就是从越战后开始的。美国人对今天的政府,对各种各样的东西,都持有很大的怀疑态度,就是从越战开始的。肯尼迪总统被刺杀,是美国历史上最严重的一次刺杀总统事件,它直接导致了越南战争的扩大化,直接导致了美国社会的撕裂。

# 第六期
## 民国往事
## ——才貌双全林徽因

张发财 点评

林徽因似乎不曾离去，一直都在。

去年，梁先生（梁思成）、林先生在北京的故居要拆除，弄得群情激愤；前年，大家评20世纪十大美女什么的，林先生排在第一；再之前，电视剧《人间四月天》风靡一时，使林先生从历史上的一个人，逐渐变成一个剧场史里的人。

林先生到底是个怎样的人？要说清楚，就不能不说说她周围的一群人。这群人大多都是知识分子，像胡适、徐志摩、金岳霖等，还有常出现在陆小曼的Party上、沙龙上的一群人——主修艺术，留学回来的刘海粟、徐悲鸿等。以林先生为中心，这些人经常集合在她家的客厅，谈天论地，谈古论今。别小看这一群知识分子、艺术家，其实涵盖了当时文学艺术界最重要的人物。这群人中没有女的，林先生身边没有女的，也许是性格原因吧，女的都不大喜欢她。她只有一个闺蜜，是一个美国人，叫费慰梅，后来给她写了一个传记 *Liang and Lin*。费慰梅的丈夫叫费正清，夫妇俩都是林梁两位先生的好朋友。费正清是美国20世纪最重要的中国问题专家，1972年尼克松第一次秘密访华的时候，就带着

△ 冰心和林徽因积怨已久。吴文藻和梁思成在清华时曾经是室友，冰心与林徽因经常去他们宿舍玩。越沟通越看不上对方，两人之间的互相不喜欢是深远并划时代的。新中国成立后，柯灵编撰《民国女作家文集》，林徽因的儿子死活不给版权，于是这套书没有林徽因的作品，原因就是文集名誉主编是冰心。

他们夫妇俩来。**林先生就费慰梅一个女性朋友，两个人说英语，叽叽喳喳的。然而，同时代的女知识分子都与其势同水火，冰心那时候还写了一篇文章《我们太太的客厅》，讽刺林先生**。当时林先生陪梁先生在五台山考察，他们考察五台山最大的发现，就是发现了唐代的古建筑，回来的时候，林先生顺便带了几坛醋（山西产醋嘛），一回来就看到报纸上冰心写的那篇文章。《我们太太的客厅》写得特别有意思，说在她（林先生）的客厅里，大家是不说中文的，大家还要说法语，还要吻手，大诗人单膝跪在地上，大建筑师在旁边端茶倒水，大哲学家如何如何，总而言之，挤对了她一番。结果林先生直接派司机给冰心送过去两坛醋，冰心的沙龙于是变成另外一群作家——土鳖作家的沙龙，虽然冰心自己是个海归。

那时候知识分子间还流行一种特别古怪的风气，就是文盲当老大，知识女性当小三。特别奇怪，跟今天正好相反。这种风气说来还是跟那时候大家接触的思潮、文艺作品有关。那时，首先翻译过来的一批西方文学和戏剧，都是《玩偶之家》《安娜·卡列尼娜》这些，所有大学里演的也都是这些剧目。受这些作品影响，女性解放的思潮在那个时候是空前的，非常空前。大家觉得我只要喜欢你，我就要跟你在一起。**比如胡适的原配夫人江冬秀，是个文盲，鲁迅娶的朱安，也是个文盲，他们后来都有情人，但是大家都觉得很正常，那个时代是一个爱情观很自由很开放的时代。**但是面对国家灾难，他们又抱持一种屈原式的自我解放态度，把从西方学过来的那些自由主义观念全都丢掉了，基本上又以屈原的方式表达自己对民族灾难的承担。林先生的儿子梁从诫在李庄逃难的时候曾经问过林先生："如果日本鬼子再打到这个地方来怎么办？"林先生非常冷静地说："投江啊！这还用想吗？"作为知识分子，日本鬼子打到李庄就投江了，他们大多留学过西方，抱有这样的想法，只能说明他们并没有真正领悟和学到西方的自由主义精神，他们所倡导的那种在人生、爱情方面的自由，只是形式上的自由主义罢了。但他们就是这样一群有意思的人，所以谈起恋爱来也很有意思。

中国最美好的时代（指文化上）都伴

△ 民国文艺青年里，最让人哭笑不得的是萧红。萧红一生有三段重要的情感经历，每次进入一段新感情都是怀孕状态，并且肚子里的孩子绝对是前一位爱人留下来的。跟萧军在一起时，肚子里的孩子是王恩甲的。1938年和端木蕻良结婚时，肚子里的孩子是萧军的。

△ 说起性奔放、性自由，丁玲在北京考美院时遇见了胡也频，爱上了。学校考不上也不考了。跟胡同居，没多久遇见了冯雪峰，又爱上了冯。最出位的是丁玲建议三个人一起去杭州生活。没两天，胡也频受不了这种关系跑了。沈从文劝胡也频继续追，胡也频又回来追，这回又轮到冯雪峰跑了……

随着战乱，比如春秋战国时代，出了诸子百家，孔子、孟子、老子、庄子这么多的大师，民国时代也是。**民国时代跟春秋战国时代很像，春秋战国时代就自由，不仅思想自由、奔放，情感（性）也自由。**《诗经》里面的郑卫之风，基本都是情感类，仔细看，还有不少偷情的，甚至断袖的、乱伦的，在那个时候都是被包容和宽容的。儒家从汉朝开始占据了主导地位，三纲五常、礼节孝道这些绵延了两千多年，到了民国，儒家所倡导的一切礼法均遭到了挑战。大批留学西方的人回来，把中国两千多年的文化史全部修了。中国的历史从来不讲文化历史，从来不讲音乐、诗词、绘画、建筑，都是讲当官的，中国的历史是王侯将相史，二十四史都是什么什么皇帝本纪的，什么大臣列传的，好像历史上只有王侯将相。王国维写了诗词史，郑振铎写了俗文学史，然后梁先生、林先生两位写了《中国建筑史》，然后哲学的历史也全都被修了。再就是，这些大师集体翻译了最庞大的西方著作，今天回头看，中国对西方著作的引进，主要还是民国这一批大师做的，他们翻译了西方很多方面的著作，算是中国历史上引进西方著作的一个黄金时期，当然这都归功于那时自由的环境。**还有一个原因，是他们做出最伟大贡献的时候都很年轻。**

尽管围绕在林先生身边的爱慕者众多，但赢得佳人的只有一人。1920年，在林先生父亲林长民、梁先生父亲梁启超的撮合下，林先生与梁先生相识，共同的兴趣爱好让他们最终走到了一起。1924年6月，两人一同赴美攻读建筑学，1928年结婚。从美国回来后，梁先生受聘于东北大学，在那里创办了中国第一个建筑系，使建筑成为一门学科，而且他们第一次把中国的古建筑系统地研究了一遍。这件事背后有个故事，还特别感人。当时中国没有任何有关建筑的资料，为了考察得更细致些，他们就给全中国每一个县的邮电局长写信，并汇了两块大洋（那时候的两块大洋差不多是一个底层工人一个月的工资）希望人家把他们那个县里面的古建筑帮他们拍几张照片寄回来。这事搁今天，多半会石沉大海，结果每个邮电局长都去拍了，然后都给他们寄回来了。他俩从零开始，从头捋中国的古建筑，然后两个人四条腿，

△ 唐朝有个女文青，比他们厉害，5个月大就开始说话了，4岁能背《论语》，8岁写诗入选《全唐诗》，10岁名冠京城，11岁嫁给皇上……她就是李世民的小老婆、标准的文艺女青年徐惠。嫉妒不？不用嫉妒，徐惠24岁死了。

再加上几个学生，跑遍了中国万水千山。而且那时候没有真正的经费——一直到抗战的时候，大后方每一个学校都有经费，中研院也有经费（那时候叫中研院，解放以后叫中科院），唯独他们这个研究建筑的（中国营造学社）是没有经费的。在整个抗战期间，他们是最惨的，由于没有任何经费，只能靠到处乞讨度日。

抗战时期，多家文化学术机构辗转迁移至四川宜宾李庄，一大批海内外知名专家学者云集于此，梁先生和林先生也在这时来到李庄，与中国营造学社的同仁们一起度过了一段艰苦而难忘的时光。那时候，李庄聚集了大量的知识分子，剑桥有一个著名教授叫李约瑟，他写了中国科技史，这些大师们写了中国文化史。李约瑟的回忆录里写了一个细节，特感人，他也是抗战前到的中国，一问中研院在李庄，他就到了李庄。到李庄以后，发现那里有一大批衣衫褴褛、胡子拉碴、远离文明的人，但都说着特别标准的牛津英语。他们就是中国的知识分子，都在一个没有电，没有厕所，没有电话，什么都没有的李庄待了七八年，其中就有梁先生和林先生。按照今天的说法，他们属于官二代和富二代，根本用不着去受那份罪，但他们有他们的追求。民国那一代知识分子大多都有着特别双重的性格，一方面特别中国，一方面又接受西方文化，外语都说得特好。看他们写的信，那英文写得都特别优雅，他们在林先生北总布胡同的沙龙上，谈到文学的时候，不但说英语，还经常说起法语。所以他们这些人很奇怪，又奇怪得让人羡慕。

我习惯叫林徽因林先生，这是我们在大学里的传统，因为她作为清华建筑系开创者之一，跟梁先生一起在清华任教授，是前辈学者，我作为晚学后辈，不能直呼其名，所以叫林先生。之所以叫她林先生，还有一层渊源。我们家，我的外公外婆回国后，是跟林梁两位先生一同在清华大学任教授的，两家门对门住着，而且是一模一样的房子。在胜因院有12栋一模一样的小楼，是根据同一张图纸盖的，所以我们两家的房子结构一模一样，都是楼上两间，楼下四间。金岳霖金先生住在新林院，大概隔了一条街。我们两家关系特别好，**我妈从小就跟我讲，你都不用看表，你只要下午看见金先生夹着一本诗集路过我们家，直接进了对门的梁家，就是下午4点整。**

△ 据金岳霖的回忆："梁思成、林徽因是我最亲密的朋友。从1932年到1937年夏，我们住在北总布胡同……除早饭在我自己家吃外，我的中饭、晚饭大都搬到前院和梁家一起吃。抗战以后，一有机会我就住在他们家。他们在四川时，我去他们家不止一次。抗战胜利后，他们住在新林院时，我仍然同住……"梁思成、林徽因两口子是金岳霖的导游，他俩走到哪儿，老金跟到哪儿。

第六期·民国往事——才貌双全林徽因　张发财点评

△ 陈巨来说,这次车祸是因为林徽因。林徽因在西山别墅时追求者众,一日突发奇想要考验粉丝,说我想吃东安市场的苹果,谁第一个买回来,谁就是第一爱我。一声令下,粉丝下山。梁思成骑摩托冲到东安,买到苹果回奔西山。不料路上冲出一辆汽车,咔嚓一声撞断了右腿。但还是忍痛完成使命,名次第一。但自此之后腿就微瘸了⋯⋯

陈巨来说时间是1931年,据徐志摩的表弟陈从周的说法,是1923年。买的东西也不一样,不是买苹果而是买橙子。更八卦的是,撞他的汽车车主,乃五四运动学生要严惩的三大卖国贼之一的章宗祥⋯⋯特么北京太小了。

梁先生一看老金来了,说徽徽在里面,在卧室里,然后他就到里面去了,给林先生读诗去。林先生那个时候一直病着,抗战以后一直躺着。那时候我外公想让我妈妈学外语,梁先生就跟妈妈说,别听你爸的,别学外语,跟我学建筑。后来我妈上了清华大学建筑系,做了梁先生的学生。**梁先生年轻的时候出过一次车祸**,所以腰上一直戴着一个铁马甲。我妈在德国出生,回国的时候七八岁了吧,梁先生每次一逗她,就把那个马甲脱下来说,看看看,大虾米来了。他一脱这个铁马甲,马上脑袋就碰着脚了。

提到金先生金岳霖,又有不少故事冒出来了。金先生是中国当代哲学大家,被称为中国的逻辑学之父。1914年毕业于清华学校,后来留学美英等国,回国后主要执教于清华和北大,经徐志摩引荐,在"太太客厅"认识了林先生之后,对她一见钟情,从此苦苦相恋,终生未娶。后来的很多传说都说他怎么怎么痴情,俨然快将他说成一位神了,其实他也只不过是一个有七情六欲的正常男子罢了。他原来是有女朋友的,是个美国女孩,后来因为爱上林先生了，人家就走了，回国了。**金先生文采很好的，他给林先生夫妇送的对联是"梁上君子，林下美人"，就把两个人的姓都嵌进去了，他虽爱林徽因，但君子不夺人所爱。**金先生还特别有意思，他们在逃难到李庄的时候，一路上都在被轰炸，大家都挖防空洞，金先生也挖了一个，还写了一副对联，叫"见机而坐，入土为安"。这个特有意思，"见机而坐"是一语双关，就是那个飞机，然后"入土为安"，躲在那里头就安全了。

金先生为人既风趣幽默，又会说好几个国家的语言，再加上一表人才，因此，梁林两位先生也乐于跟他一起。梁林两位先生最风光的时候是在北总布胡同大院子，金先生就搬进来住那个跨院里。梁先生和林先生为国尽忠守节的时候，自己动手盖了一个房子，俩人带着两个小孩子，自己和泥、烧砖、垒房子。等他们把房子刚弄好，金先生又从西南联大跑来，在他们家墙外头自己盖了房子，又住一块儿了。他们家那时候在李庄，一共一块大板，一块小板，每到夜里，因为没电，也没蜡烛，只能点油灯，林梁两位先生就在那块大板

△ 金岳霖的情感生活被神化了，根本不是什么痴情种子。他确实"终身未娶"，但从没亏着自己。金岳霖在1925年开始和美国女友秦丽莲长期同居（同居是学偶像罗素），且育有一女，这事谁都知道。对林徽因也没传闻中的专一痴情。20世纪50年代末，参加民盟组织在京中央委员学习班，遇见浦熙修后两人卿卿我我，已经到谈婚论嫁的地步，不巧浦熙修的妹夫出了个大事，金岳霖怕受牵连惹祸上身，跑了！

上写《中国建筑史》，金先生就蹲在地上，在那块小板上写他那60万字的《知识论》。就因为那个，金先生后来视力完全不行了，都快瞎了，后来还在跑空袭的时候把《知识论》书稿给弄丢了。知识分子嘛，商人是抱着细软跑，知识分子就抱着著作跑。空袭一来，金先生就抱着书稿跑，跑到山上，然后坐在屁股底下。金先生是那种风趣幽默的人，他跟各种人开玩笑，结果那天空袭弄了一天，到下午黄昏的时候才完，然后金先生跟人家说美了，站起来拍拍屁股走了，等想起来的时候，完了！再跑上去，那风一吹，雨一下，书稿全没了。**金先生颓了，然后又重新写，60万字重新写！天哪！**

林先生同时给两位大师查资料，帮梁先生查中国建筑的资料，帮金先生查中国哲学史的资料。梁先生经常出去考察古建筑，不像现在，到处都是飞机、高铁什么的，那时候一走好几个月。林先生有时候陪梁先生去，有时候就没陪着去。有一次，梁先生出去好几个月，回来的时候，林先生哭了，跟梁先生说，我跟老金的关系有点儿不一样了。然后梁先生就说，我觉得还

△ 辛辛苦苦写完了，熊十力说"金岳霖说的那些玩意儿也就戏说"——还算客气，熊十力对另外两个大师的评语更崩溃："胡适那点儿科学知识跟我没法比，冯友兰根本不识字！"

是老金适合你，你是文科的嘛，琴棋书画什么都会，我是一个学科学的，老金是学哲学的，而且风流倜傥，他更适合你。但是金先生听到以后，特别决绝地说，我因为爱你，所以我不能伤害一个爱你的男人，梁先生是真爱你。从此以后，当然我不敢打包票，但是我认为从那个时候开始，金先生和林先生就再没有任何那种实质性的关系，就一直以精神的爱恋为主，后来变成了深厚友谊。梁先生让自己两个孩子管金先生叫金爸。金先生最后终身未娶，是林先生、梁先生的儿子梁从诫养老送终的。

还有徐志摩，他也许是爱慕林先生的人中被大家谈论最多的一位。林先生16岁游历欧洲时，结识了当时正在英国游学的徐志摩。**当时徐志摩已是一个两岁孩子的父亲，他被林先生出众的才华与美丽所吸引，苦苦追求林先生，并不惜与发妻张幼仪离婚，但林先生经过理智的思索，和父亲一起提前回国，而且是与徐志摩不辞而别。**徐志摩之后虽然再度成家，但对林先生一直念念不忘。

难道林先生不喜欢徐志摩吗？那么浪漫又富有诗意的一个男子。不是不喜欢，

△ 嗯哪，被晕的神魂颠倒。林徽因小姐写诗时要点香、摆花、穿白绸睡袍、面对庭中荷叶、在清风飘飘中甩酸词儿。林小姐实在太自恋了，曾说过："我要是个男的，看自己一眼就会晕倒。"不过她老公梁思成说："我从没晕倒过。"

张幼仪被徐志摩休了之后，不恨陆小曼，反倒骂林徽因。她说："我都把位置让出来了，你干吗不和志摩结婚？"

第六期 · 民国往事——才貌双全林徽因 张发财点评

应该说是林先生接受不了当第三者这个事实吧。林先生的母亲由于没生儿子，被父亲林长民打入冷宫，在偏房住着，她妈妈只有她一个女儿，然后她爸爸跟别的女人生了儿子，就是林先生的几个弟弟，这几个弟弟后来在抗战时期当空军牺牲了。从小就是那一大家子热热闹闹在大堂里，而她跟她母亲在寂寞的偏房里。她母亲每天诅咒她父亲，每天都非常愤怒地谩骂，所以林先生从小就养成了一种性格，特别倔强，特别要强，第三者的污名她一直都不喜欢，即便爱徐志摩，她也突破不了自小就埋在心里的伤口。林先生对徐志摩的感情是毋庸置疑的，但没那么深，她那么倔强的性格，那么强烈的自尊，是很难真正不顾一切地去爱一个人的，包括她对梁先生，应该说一直都没有真正爱过。但她跟徐志摩，那是情窦初开。在英国的时候，徐志摩两个礼拜没来信，她能做到骑着车跑去找徐志摩，照着信上的地址去找，找到那儿一看是个小卖部，就傻了。原来徐志摩家不能收女人的来信，所以就在对门的小卖部给林先生写信，林先生那时情窦初开，就跑到小卖部去了。后来回国还跟徐志摩一起演话剧，两个人在台上拉着手我爱你啊，你爱我，还说英语，那时梁先生在那儿跑后勤，提供各种东西。然后在家里开 Party 也是，林先生永远在沙龙上侃侃而谈，同各种人谈文学、谈艺术，梁先生就在一旁待着。

**徐志摩飞机失事，是为了来看林先生的演讲，冒雨坐了个邮政机，然后在济南附近失事了。**这边北京圈子的这群人那天等徐志摩等到深夜也没等到。大家都在胡适家，胡适因为地位很高，能从最高层得到消息，便打电话询问，说完了，飞机掉下来了，立即出发去现场的是谁呢，是梁先生。梁先生开车，金先生坐旁边。金先生跟徐志摩关系特好，金先生是徐志摩离婚的证人，徐志摩是在欧洲离的婚，金先生当时就在现场。两个情敌去给另一个情敌收尸，然后开车到济南，当时沈从文先生是在青岛教书，所以沈先生先到的现场。那时候，当地的乡民已经把徐志摩给收殓了，穿上了乡村的那种小褂，然后戴着一个小观音帽，正中间一个大窟窿。梁先生捡了一块飞机皮回来，一直挂在林先生床头，一直到林先生离世，梁先生就是这种

△ 徐志摩这一天诀别了两个女人。他去北平参加林徽因演讲会。当天种种兆头让陆小曼觉得不对劲，要出事，就阻拦着不让他去。徐志摩死活要走，于是两人大吵之后，徐志摩离家登机去了北平。吧唧一声，飞机掉下来了。陆小曼心神感应一阵头晕，更诡异的事情发生了——客厅里徐志摩和陆小曼的结婚照也吧唧一声摔碎了。

第六期·民国往事——才貌双全林徽因　张发财点评

胸怀。所以我觉得林先生的一生是幸福的，有这么多男人爱她。

林先生跟胡适的关系也很好，胡适一直拿她当小妹妹，对她非常好。徐志摩去世以后，林先生就疯了，找到胡适，跟他说，我要看他的日记——徐志摩的日记，但是这本日记在凌叔华手里。胡适在整个知识分子圈里，尤其是海归知识分子圈里是有崇高威望的。土鳖知识分子另说了，天天在上海的报尾写小文章，挤对这些大海归们。胡适找到凌叔华，说你把徐志摩的日记拿出来，说我们所有的老朋友，要为徐志摩做全集。于是，凌叔华就把日记拿出来了，因为徐志摩是委托凌叔华保管日记的。拿出来以后，林先生就特别找那一本，就是他们俩在英国的那一本，就没有那一本。林先生就疯了，找胡适说，为什么没有那一本，胡适就再去找凌叔华，说这些日记少了一本，凌叔华说没有，就这么多。其实她把那一本扣下了，她就是不想让林先生看徐志摩是爱她的，就不给她看，而且这一辈子也不拿出来。她说这本日记就跟着我走了，我也不拿出来，我就知道她要。林先生去世很多年了，那凌叔华也恨，就不给她看，就是不公之于世。徐志摩怎么爱林先生这件事儿，就是不给大家看。最后这本日记到现在也没看到，可见同时代的女性有多么恨她。

　　林先生和围绕在她周围的那批文人志士，他们的一生其实是很完整的，他们因为抗战到了李庄，颠沛流离，但他们最后终于了解了这个国家，这个国家的人民是什么样的，这个古老的国家有多困苦。他们的人生和爱情也是圆满的，是自由奔放的，至少没有因为什么礼教，没有因为政治等，压抑了自己的人性跟爱情。虽然最终他们分开了，一部分去了台湾。他们20多年最好的朋友圈子，梅贻琦校长走的时候想请林梁两位先生一起走，但是梁先生、林先生没有走，因为我党包围北平的时候，专门请了他们，让他们标注北平的古建筑。他们之前还干过一回，就是给美军标注，美军当时反攻要轰炸日占区，让他们标注日占区的中国古建筑。结果梁先生以博大的人类情怀，把日本京都跟奈良的古建筑也标下来了，而且恳请美军保护，说古建筑是人类遗产，不能因为一时的战争，就把人类的文化毁掉。

纵观林先生这一生，还是很幸福的，作为女人，有那么多男人爱；作为学者，有那么辉煌的成绩，而且她离开的时间也好，1955年，要是再晚个10年，她也会遇到噩梦。若有遗憾，应该是没跟她一生中唯一的女性朋友费慰梅打声招呼就走了。梁先生刚刚去世一个月，费正清、费慰梅夫妇就跟着尼克松到了北京，到了北京就找他俩，结果得知，林先生十几年前就去世了，梁先生也于一个月前离开了。他们托周总理找梁再冰，找来以后，费慰梅特别伤心。费慰梅相当于她干妈，从小看着她长大的，梁再冰跟费正清、费慰梅一起吃了顿饭，吃饭时梁再冰一句话都没说，不但不叫叔叔阿姨，也不看他们俩，一句话、一个字都没说。

关于林徽因，众说纷纭，但是有一点是公认的，她不太讨女人喜欢。

梁思成和林徽因夫妇创办了中国第一个建筑学专业。

金岳霖在与梁林两位的交往过程中对林徽因产生了深厚的感情，特殊的友谊伴随了他一生。

徐志摩飞机失事，梁思成和金岳霖两个"情敌"去给另一个"情敌"收尸。

林徽因在1955年去世，不然以她的性格，以后不知还要遭多少罪呢。

第六期·民国往事——才貌双全林徽因　变态辣椒漫画

# 第七期
## 民国往事——最美好的两天

张发财 点评

民国最美好的两天，是1912年2月12日和2月13日。

1912年2月12日发生了一件大事，就是隆裕皇太后诏告天下，清帝退位；2月13日，孙中山正式宣布辞职，让位给袁世凯做中华民国第一任正式大总统。

纵观世界各国革命，现代也好，近代也好，能这么和平交接的，是极少的。法国大革命把路易十六一家杀了个精光，导致了大规模的战乱。俄国十月革命后有了苏联，沙皇全家满门被杀，也出现了大规模的内战，到最后，公爵都去哈尔滨给人擦皮鞋了，公主到中国东北来卖淫了。旧时代的一切都要砸烂的话，必然导致大量的反弹，引起大规模的流血内战，最后用暴力牺牲无数人，才有了革命成功。当然也有很多国家暴力之后，革命没成功，又被复辟了。但是这两天，就好像开了这个世界革命风气之先，并且文明到堪称世界典范，清朝的皇室一个没杀，而且还创造性地提出了一个解决方案，这个解决方案体现了中国人的智慧。

**这个解决方案是南北共同商定的，宣布清帝退位时，南京已经成立了临时政府，**

△ 这是政治博弈的结果。1911年11月11日这天，袁世凯派蔡廷干、文承恩南下跟黎元洪见面谈南北议和，讨论是君主立宪还是共和。袁世凯倾向于君主立宪，但凡事好商量，最重要的是中国千万别打仗。此时革命党要人普遍对袁世凯有好感，对孙中山不信任，于是各退一步：你退一步别君主立宪，我们让一步你当总统。黄兴、汪精卫一帮人说，袁世凯只要拥护共和，大总统肯定是你的，最终谈判的结果是，南方不选临时大总统，位置肯定留给您。袁世凯还没表态，孙中山就回国了，放出话"革命之目的不达，无和议可言"，随即在1912年元旦就任中华民国临时大总统。黎元洪傻眼了，革命党怎么这么干？南北之战一触即发。孙中山根本打不过袁世凯，无奈从总统座椅上起身。

第七期·民国往事——最美好的两天　张发财点评

△ 辛亥革命后,康有为知道满人没戏了,于是建议用孔子后裔做君主,打算"虚君共和"。革命党人哈哈大笑,觉得康先生太有趣了。

△ 逼宫这天是1912年1月16日,革命党策划了刺杀袁世凯行动,4个小组每组5人在袁上朝的路上堵,第1组在三义茶店楼扔炸弹,没响。在附近酒楼上的第2组接着扔,袁车速快,炸弹落地时车队已经过去了。革命党人也是真猛,剩下两个组接着炸,可炸弹就是不响,全被按住了。

△ 载润说的:隆裕太后就是想当慈禧2.0,摄政王载沣就不让她当,小寡妇就生气。辛亥革命后,太监张兰德

**孙中山是临时大总统。**南方提了方案,北方也提了方案——以袁世凯为首的北洋政府提了方案,两个方案都很文明,都很平和,最后两方达成了协议,**以外国君主的礼仪对待清帝,这个非常有创造性。**大家提供各种各样的生活待遇,每年给400万两白银,这可是很多钱,但对于全国人民来说,对于如果爆发一场战乱国家要付出的代价来说,400万两其实是很少的,而且对整个皇族一个不杀,还满、蒙、回、藏、汉大家平等,在近现代世界上,是极少见的一种文明方式。

**当然,袁世凯也逼宫了,亲自逼宫,跪在地上哭,最后大家觉得和平退位最好。**当时北洋军几个将领,在袁世凯的授意下,也发了通电,逼清帝退位。**袁世凯还给隆裕皇太后上了一堂课,隆裕皇太后不太懂国外的事儿,袁世凯给她讲了法国大革命的事。**袁世凯说,你看看,当时法国大革命的时候,如果路易十六退位了,就不会导致最后连种子都没有了,被斩草除根了,所以希望您慎重考虑。隆裕皇太后只提出了一个条件:希望母子平安。只要母子保住性命就好,所以清朝这边,也没有发动

各地的勤王、反抗。清帝退位退得很文明。退位那一天，中国两千年来最后一位皇帝最后一次上朝，内阁全体向隆裕皇太后和当时只有6岁的溥仪行三鞠躬礼，原来应该是三拜九叩，磕一通头的，现在只行三鞠躬礼，然后，隆裕皇太后代表皇帝下诏退位。第二天，孙中山信守承诺，宣布辞职，让位给袁世凯。

那么多年倾家荡产、毁家纾难，以孙中山为首的革命党，最后和平文明地说革命胜利了，革命者把政权移交给治国者，这是一次非常文明的交接，在世界历史上很少见。革命者里面，确实缺乏有治国经验的人。袁世凯本人是非常有治国经验的，他是一级一级做上来的，草莽出身，做过外交，做过军事，管理过一个又一个省，管理过山东，管理过直隶，管理过内阁，建立过中国的教育制度（当然不是他一个人在做，但是他起了很大的作用，包括建立中国现代教育制度，小学、中学、大学），建设了中国现代第一条铁路——京张铁路。然后是新军，整个现代化的军队，也是袁世凯建立起来的。他各方面的经验都非常丰富，而以孙中山为首的革命党，长

说共和跟你没啥关系，你的待遇如故，只是把摄政王权力转交给袁世凯。小寡妇道："那我干吗不共和！"然后，发现待遇跟张兰德说的根本不一样。于是，活活气死了……还想慈禧2.0呢，这智商慈禧0.2也不够。

第七期·民国往事——最美好的两天　张发财点评

期在海外，对海外的西方资本主义现代化制度有很多了解，但是真正结合到中国国情，其管理是缺乏经验的。所以革命成功，把这个移交给具有治国经验的袁世凯，也是一个非常明智的做法。再往前推，整个辛亥革命都是一次非常文明的革命，它并没有导致全国成为一片血泊，并没有把这个国家打烂。

武昌起义打响了辛亥革命第一枪，其实在武昌没爆发过特别激烈的战斗，也没死多少人。紧接着全国一片星火，有燎原之势。当时全国人民在革命党多年的起义影响下也好，报纸的呼吁下也好，或者在媒体、知识分子，精英的、改良派的先驱的教育下，大多数人都是心向共和的，所以武昌这一枪打响，极少有某个省因为独立而进行血腥的战争，死很多人的。

武昌起义后来的首领，大家公推黎元洪，这件事本身也有进步意义。起义的其实是一些下级军官，下级军官最后公推当时在武昌军阶最高的黎元洪（当时是个旅长）来当他们的头儿，这件事本身也比较文明，不是把所有的将军们都杀光，几个士兵就开始来管理了。那当然就会出大事，但是黎元洪这个人相当有经验，也有谋略。黎元洪怎么弄的呢？他用了一招很有意思。**武昌当时有所谓的应该叫国库的分号吧，因为大量的税收，钱是囤积在武昌的。** 武昌起义成功后，发现有这么多钱，黎元洪用了一个非常好的方式，上午发电报，下午就汇款。发电报给各个省，说希望独立，希望一起独立，中国走向共和。当然黎元洪有个人的考虑，他怕孤孤单单一个省最后被剿灭了的话，当然是谋逆大罪，凌迟处死，满门抄斩，所以他希望更多的省一起加入，希望更多的省一起来形成强大的独立阵营来对抗清廷。**所以很多省的革命党直接革命了，当然了，不是说都为钱。然后巡抚跑了，总督也跑了。** 有些省的清廷大官，自己直接就宣布独立了。到后来，已经发展到大家争相比赛看谁先独立，反正你巡抚自己不宣布独立，革命军马上包围你，打死你，我就当总督了，我就当都督了。

流血事件是不多的，山西省发生了流血事件，和我自己家还有点儿关系。我的外婆陆士嘉先生的亲爷爷，就是山西省当时最后一任巡抚陆钟琦。巡抚就是这个省

△ 清朝最好的兵工厂就在武汉，起义军抠开军火库：德国79毛瑟10000多支，日本65步枪15000支，汉阳造不计其数，另有各类炮。打仗除了枪还要钱，兵工厂一堆废铜炮，化掉就是铜元。但起义军懒得劳动，因为挖开了布政使的保险箱，惊呆了……布政使保险箱清单如下：存银120万两，铜市局现洋70万，白银80万两，官局铜元200万，官票800万张，洋元票240万张，库银30万两，现洋30万……湖北财政存款总计4000多万。当局是有钱的，但还是垮了……

△ 接收时荒唐的事情太多了。戏曲演员刘艺舟是同盟会员，1911年从辽东半岛去威海卫演出的途中，得知辛亥革命了，这群艺人觉得反正有档期，闲着没事咱们掺和一下呗！于是改航道直奔登州府，一举攻占了登州和黄县，刘艺舟随即成了"烟济登黄"（烟台、济南、登州、黄县）司令。

△ 1911年10月6日，陆钟琦到太原，4天后辛亥革命。22日陕西宣布独立，对山西产生强烈冲击，陆钟琦紧急下令布防，预防陕西革命军进入山西。当时山西军队分为新军和旧军两部，新军倾向于革命。10月25日，陆钟琦打算分散新军力量，命其分批开赴蒲州。这是个昏招。这次调防，陆钟琦和家人把命搭了进去。

因清政府为防止军队兵变，平时不装备子弹，只有在调防或临战前才能领到弹药，按照陆钟琦的命令，10月28日下午开拔当天部队领到了子弹。10月29日凌晨，领到弹药的新军杀入巡抚衙门，用石条砸开大门，击毙门卫马八牛后冲入巡抚大院。陆钟琦责问："我刚来一月，有何坏处，尔等竟出此举！"一片枪声响起，陆钟琦和他的仆役李升饮弹身亡。其时，陆钟琦的儿子陆光熙（就是高师外婆的爸爸）怒斥："你们这是做什么？"又一片枪响，按照奏章描述，陆光熙也中弹身亡。高师

最大的一个官，相当于省委书记兼省军区司令。其实**陆钟琦**陆巡抚当时也在犹豫，是不是也应该独立，但是稍一犹豫，就被新军包围了。就是阎锡山带领的山西新军，包围了巡抚官邸，把陆钟琦巡抚，就是我外婆的亲爷爷以及我外婆的父亲，他刚从日本留学归来正在劝父亲革命，全家都打死在巡抚衙门里，导致我的外婆——当时才1岁——成了孤儿，只有母亲，没有父亲。当然大抵只发生过这一点儿流血事件，比起大规模战乱来，还是好得多。

还有个例子，扬州不像现在是江苏省的一个市，在当时它只是非常重要的一个镇，那里有总督，有巡抚。扬州当时什么样呢？城外妓院里的一个龟奴，就是一个旧时在妓院里干杂务的人，听说革命了，于是带着几个妓院里的伙计，打了一面旗子，进了扬州城，说革命了，革命了。其实没几个人，就是妓院里几个伙计，但是由于革命的星星之火已经燎原，全国人民心向共和，这几个人一闹，导致了什么后果呢？总督大人越墙而逃，巡抚大人直接投河了，给清朝殉职了。一个龟奴带几个伙计就能把总督大人吓跑了，让巡抚大人

投了河，然后，他就坐进了总督府里面，全城的商人、富商以及乡绅都来到衙门里，非常平和地说，扬州人民当然也欢迎革命，也欢迎共和，只是请您出示个安民告示，不扰民就可以了。然后，这位龟奴坐那儿想了半天，大家再三请求，最后他说，**对不起大家，我不识字，你们自己去写一个吧**。于是，扬州的众乡绅商人一起出了一个安民告示，扬州就算革命成功了。

辛亥革命刚开始的时候，其实是非常好的，袁世凯在发给孙中山以及南京临时政府的电报里，也写到过这种现象，当时两边非常客气平和，凸显了大家希望国家向更好方向去的这个理想。袁世凯也说，虽然清帝退位了，我也好像立了点儿功，但实际上是诸位多年奋斗努力的结果，诸位就是民国的光荣和幸福。这么多年革命党也好，改良派也好，教育了全国人民心向共和，所以从**武昌起义打响第一枪**的1911年10月10日，一直到过了几个月之后的2月12日、2月13日这两天，都是以非常文明的、平和的方式在推动这个国家发生改变，横着跟全世界比，纵着跟中国历史比，都是非常美好的。

的外婆和一些仆役从衙署东跨院东墙上挖洞逃走。

当天上午，阎锡山在一片混乱中被推举为都督。这一天，是农历九月初八，是陆家死难日，也是阎锡山28岁的生日。

△ 还有比这简单的，因为不稳定，清军不装备炸弹。陌生产生恐惧，又因为革命党用炸弹确实炸死过不少官员。清政府公务员一听到这俩字就阳痿。辛亥革命光复时期，革命党拎颗炸弹就能接收政权。最搞笑的是江苏海门，一小子冒充革命党，拎着两个装满废纸的白布袋子，对同知说："这就是炸弹！"海门就这样被他接收了！

△ 第一枪是谁打响的？1911年10月10日，革命党金兆龙闹事被排长下令捆起来。金兆龙跟同志说："还等什么？"于是动手，排长打不过往门口跑，熊秉坤开了辛亥革命第一枪，没打

第七期·民国往事——最美好的两天 张发财点评

着。孙红雷在《非诚勿扰》里说自己爷爷打了第二枪。这第二枪是起到的管带补的,打死了排长。

△ 1911年3月29日,黄花岗起义,流弹打中黄兴右手,断一指,伤一指。4月2日,黄兴逃到香港做手术,切掉伤指——食指中指没了;还没完,第二年6月9日,黄兴在南京办公室跟人谈话兴起,突然挥臂作势,恰巧边上有台大电扇——无名指也没了!

当然,孙中山把大总统的位置移交给袁世凯,也有一点点儿迫于形势。第一,最重要的是没钱。辛亥革命的时候,孙中山并不知道没钱,虽然之前他领导了很多次起义、革命,但都失败了。**黄花岗起义**的时候,实际上花光了孙中山从世界各地的华侨那儿募捐来的所有钱,黄花岗起义失败以后,孙中山就已经没有革命经费了,所以就回了美国。辛亥革命爆发的时候,孙中山正在菲尼克斯一家餐馆里刷盘子。当然孙中山也很有革命毅力,募捐来的钱动辄数十万元,最高的时候上百万元,全部都用来革命,用光了以后,到饭馆里刷盘子,几分钱几毛钱地重新开始挣起来维持生活。孙中山是在报纸上看到中国爆发了武昌起义,于是马上出发,跑了好几个国家寻求援助,没有得到什么真正实质性的援助。孙中山回国的时候,南方的革命党,不光是革命党,各省独立的代表,都齐聚南京,大家对孙中山能利用自己的威望获得全世界的援助,是非常寄予厚望的。

关于孙中山,当然有争议,孙中山确实说过,我回来会带来战舰百艘,美元千万。于是大家说,孙中山能带来那么多钱和强大的武力，于是就公推他为临时大总统，但实际上他并没有钱，没有战舰百艘，也没有美元千万。当时中国打了很多次败仗以后，签了很多不平等条约，有很多都是赔款割地的，像甲午战争赔日本两亿三千万两白银，庚子赔款赔八国联军四亿五千万两白银，这么多钱帝国主义担心赖账，于是就拿海关做抵押。**海关都在帝国主义手里，帝国主义拿着海关的钱，在那儿观望**。说到底，当时的中国交给谁会比较稳定，大家都不是特别确定，唯一能确定的就是都不大希望中国乱，中国人自己首先不希望，帝国主义也不希望。帝国主义不希望中国被打得一团糟，他们倒希望中国繁荣一点儿，那样还能在中国做生意，像今天一样开厂，有廉价劳工、特权、租界等。大家都在观望，比较倾向于让袁世凯来干，他比较有经验，干过那么多治国的事情，于是就扣着钱，没给南京政府，所以南京政府当时只干了几件比较有象征意义的事情：孙中山当临时大总统，1912年1月1日正式易服色，改正朔。易服色，就是每朝每代上来了，立国了嘛，总要改改历法、法令、年号什么的，于是年号改

△ 1853年，上海被小刀会占据，海关督察没法上班，所有洋商都不缴纳进口关税。这时英国驻上海领事阿礼国要求英国公民必须守法纳税，并且联合美国公使制定了一套临时制度，收上来的关税一分没要都给了清政府。上海的海关税务司1884年之后是洋人来管理关税，所得税收比从前清朝自己管理的还多。清不亡，天理不容。

成了中华民国，改了历法，就是从原来的农历改成公历了。

易服色除了衣服，最重要的是剪了个头。200多年的铜钱头鼠尾辫，在这个时候被悉数剪下了。但财政、军事、外交这三样才是最重要的，南京临时政府孙中山那儿虽没钱，但孙中山很豪气，各省来的代表包括各个部门部长等，都找孙中山批钱，孙中山大笔一挥都签了，然后说找胡汉民去吧。胡汉民是追随孙中山多年的革命家，汪精卫、胡汉民都是从早期就追随孙中山的革命元老，这时候就让胡汉民管钱，可胡汉民手里就两块大洋，什么都没有。每次孙中山一批，大家就去找胡汉民，说大总统批了，给钱吧。胡汉民开始躲，总统是批了，但是我没钱啊，打白条吧，非常狼狈。

因为清帝退位，袁世凯直接接收了清朝的一切，不仅有钱，也有军队，实力强大。2月13日孙中山辞职，2月15日选举了袁世凯为正式总统，黎元洪为副总统。这都是团结和解的象征，袁世凯没让北洋的另外一个人来当副总统，而是让武昌起义的首领黎元洪来当，然后，请孙中山来北京共商国是,这叫三方和解。紧接着孙中山去了北京,跟袁世凯也进行了非常友好的见面,见面以后,两个人都在日记里写了那次见面的情形。孙中山在日记里给予袁世凯高度评价,袁世凯在日记里对孙中山的革命热情也给予了高度评价。有关孙中山之后做什么,**孙中山自己提议,说我去修铁路**,你就委任我去办铁路好了,革命成功了,我这么多年的革命事业也完成了。袁世凯说那没问题,孙先生您去修铁路,您打算修多少公里铁路,要多少钱?孙中山说,我打算修10万英里。袁世凯傻了,因为袁世凯是亲自修过铁路的——詹天佑设计的京张铁路,他知道中国的财政状况以及中国的工业能力,知道修铁路有多难。

10万英里的铁路是什么概念? 100年后的今天,我们这几年以大量资金投入基础建设,修高铁,修什么,修到现在,全国铁路加一起也没有10万英里。因此,孙中山当时说要修10万英里铁路,袁世凯当时就有点儿蒙了。当时看起来是一派祥和,紧接着黎元洪也来了北京,大家都贡献出自己所有的——有钱的出钱,有力的出力。1912年2月12日、13日两天发

△ 孙袁会谈很成功,孙辞去总统职位转向管理铁路,但盛宣怀私下认为孙中山"有理想而无经验,不足与谋也"。盛之所以这么说是因为他听说孙也要实行铁路国有政策,然后将中国铁路全部交给外国经营,比自己借款修路还要激进。

补个八卦:孙中山巡视铁路的那辆专列,当年的主人是慈禧太后。这火车极其传奇,1928年6月4日张作霖就是坐着这列火车在皇姑屯遇难的。

生的事儿，我相信，如果我当时是中国一个普通的百姓，或者一个普通的小知识分子，我一定会对这个国家的未来充满希望和信心。全世界看着中国以世界上最和平、最文明的方式完成了这次革命。清帝退位，以及孙中山让位，都是让全世界很赞叹很赞叹的。当时世界各国的媒体，都以极其正面的态度报道了这些事。

袁世凯也好，孙中山也好，各方面也好，最开始领袖们都是怀着美好的目的，希望自己名垂青史，希望这个国家向好的方面发展。下面的各种人、各种欲望滋生出来的时候，就产生了各种各样的问题。**孙中山可以去修铁路，当个铁路运输部长什么的，如果孙中山只是当一个部长，那么多年跟着他抛头颅、洒热血，毁家纾难，都被关到监狱里的人，怎么办？** 汪精卫去刺杀过摄政王载沣，差点儿就死了。这么多人，冒着这么多的危险，跟着你，最后你只谋一个部长，那我们怎么办？难道我们去当科长，当处长吗？

这边袁世凯下面也是，说您这只当一个总统，我们大家其实还想当各种各样更大的官，那您就得更大一点儿。大家知道，

△ 袁世凯登基前封黎元洪"武义亲王"，黎胖子极端忧郁，到底要不要？门人对他说："黎大哥你是清室旧臣，民国没皇上，因此，没'事二主'嫌疑。老袁要是真当了皇上，你可就算叛臣了，一世英名啊！"于是黎胖子拒不接受。袁世凯更狠，派江朝宗送诰封。江到黎家门前扑通一声跪下了！接不接？

袁世凯当总统有个著名的真事儿，不是段子。就是他儿子，他儿子想当太子，于是自己编了一份报纸，自己雇人写稿，自己雇人印刷，然后每天给袁世凯看。说你看，全国人民都希望你当皇帝，这个省希望你当皇帝，那个省希望你当皇帝，袁世凯每天看着，觉得人民怎么那么想让我当皇帝呢，那我就顺应民意当皇帝呗！当然，也不能说袁世凯心里没有一点儿这心思。但是这些报纸，看来看去，袁世凯就觉得，那当皇帝吧。结果最后怎么发现的呢？**家里的厨子出去买肉，买肉的时候用了一张报纸包了这个肉回来，结果袁世凯女儿看见了这张包肉的报纸，上面的文章大骂袁世凯复辟。**由此可以看出，当时新闻是很自由的，报纸可以骂总统。然后他女儿一看这报纸傻了，马上拿给袁世凯看，说不是我哥说的那样全国人民都拥护你当皇帝，你看全国人民都骂你骂成这样了。袁世凯看见那个，恨不能呕血数斗，儿子误我，儿子误我啊！

孙中山这边，下面很多人也是不服气，觉得革命那么多年，再加上武昌起义还有几个人，觉得我们是武昌起义的，那是不

△ 实际上不是包肉，是包蚕豆的报纸。袁家三姑娘无意中看到包蚕豆的真《顺天时报》，于是告到老袁那里。老袁很生气，抓起袁克定一顿皮鞭，把袁老大全身抽得黑一条紫一条，远远看去仿佛一匹斑马。

第七期·民国往事——最美好的两天　张发财点评

是我们要谋点儿更高的位置？慢慢地矛盾也出来了。之后报纸互相骂一顿，骂是骂不完的，也没用，最后大家诉诸武力。只要军人一参与进来，这个事情就要命了，很多事孙中山也管不了了，局面也失控了。最后孙中山这边，北洋那边，各方都出现了空前的矛盾和裂痕。中国本来是朝着最美好、最有理想、最文明的方向在近代化的路上行进，结果被各种各样的问题绊住，最后一发不可收拾。非常遗憾，想到后来非常痛心，当然看到历史上的这两天，又觉得真的是很感动，很幸福。

长叹一声，看到这么美好的两天，2月14日，第3天，西洋情人节，当然情人节更美好，**再往后，再往后，再往后，**怎么后来就成了那样子了呢，连年内战，真的是好景不常在，好事也难久啊！

△ 再往后就是1912年2月16日，就在这一天，袁世凯剪掉了辫子。当时袁世凯还在犹豫，但对做大总统的人来说，辫子去留是世人热议的焦点。迫于情势，最终同意蔡廷干替他剪掉辫子。蔡是留美幼童出身，深知这个举动的新闻性，迅即将这条独家新闻披露给海外媒体，换了好几块钱。

1912年2月12日,隆裕皇太后下旨,清帝退位,2月13日,孙中山正式宣布辞职,让位给袁世凯做中华民国第一任正式大总统。

为了不流血的和平,南北临时政府提出了非常有创意的方案,以外国君主的礼仪对待清王室。

第二天,孙中山信守承诺,将总统的位置让给袁世凯,革命成功。

不幸的是,本来中国已经在往最美好、最文明的现代化道路迈进,结果出现了各种各样的问题,最后导致一发而不可收拾。

革命成功后是做拿破仑,还是华盛顿?袁世凯已经无法再有机会去选择了。

第七期·民国往事——最美好的两天　变态辣椒漫画

# 第八期
## 好莱坞启示录

胡淑芬 点评

2012年电影大发展，国内的电影收益又蹿涨上去百分之几十，当然我也在这一年做了一点儿小小的贡献。2011年我在130亿元票房里贡献了7000万元，这是我个人的票房纪录，但是跟当时来帮我配音的一位优秀的演员徐峥（在《大武生》里帮刘谦配音）比，仅仅是九牛一毛。徐峥导演的《泰囧》净收12亿元人民币，超过了曾经盘踞第一的《阿凡达》，我现在特别以那时候请徐峥来帮我做配音为荣，幸亏那时候请了，现在肯定请不起了。

我觉得特振奋，就是我们的电影单片票房已经很大了，两亿美金，在美国也属于大片了，而且我们连续一年有好几部电影仅靠中国本土市场在全球的票房都能排进前几名。国内市场已经很吓人了，而且我们的银幕数也过万了，当然跟美国还是不能比，但在全世界已经排第二位了，已经很厉害了。万达电影公司还收购了美国第二大院线，实际上跟第一大是几乎一样大的AMC。**我认识一位英国摄影师，我们合作过，我问他：你今年怎么没活儿干？他说你知道今年英国能够扛起摄影机的摄影师都得在50岁以上，因为只开了7部**

△《泰囧》确实挺振奋人心。兄弟认为《泰囧》对中国电影最大的功绩在于，它成功地激活了二三线电影市场。这一点是之前诸多大导的国产大片都没做到的。不是大导们不努力，而是天时地利人和多方面的原因。这几年国内院线的发展速度居世界前列，普通观众在急需大排档型电影解决温饱型需求的时期，这样的亲民电影适时出现，获得高票房有其合理性。不知道当年好莱坞有没有类似案例。

△ 一个国家一年的电影产量不够两只手数，英国可真丢人。

**电影，简直太惨了。** 做大了以后，怎么才能让电影更加工业化、更加安全、更加大规模地生产下去才是根本。我们的市场在不断扩大，技术和质量也在提升，但作为一个还在摸索的道路上行走的电影新手，好莱坞这位身经百战、经验丰富的电影教父就成为一个不二的学习对象，尤其它的体制，是它光芒万丈、受全球瞩目的最重要资本。

好莱坞的经纪、制片跟院线原来都在一家，后来分开了。中国现在是正在往一起聚集，正在重走好莱坞已经吃过亏的老路，就是经纪要在我这个公司，我要签演员，我要签导演，制片也在我这个公司，我这个公司负责制作，当然也负责投一部分钱再去融资。现在大的电影公司还开始建院线，但实际上这三样东西是天敌。举一个特简单的例子，汪聪签到优酷公司来了，当艺人，我要给优酷公司做一个电影，我们都是一个公司的，她就想片酬越高越好，尤其她的经纪人，说汪聪500万元片酬，我这边要做一个电影，老板给我预算只有这么多，我说汪聪五毛钱，自己公司艺人嘛，要什么钱啊。她说自己公司戏还不多给点儿，因为负责经纪的人也要跟老板有业绩的，一年汪聪要完成2000万元，谁谁谁完成多少多少。她当然要更多了更好，但制片方给老板有成本的，越低越好，这俩就打起来了，打起来以后怎么办呢？上老板那儿，老板一拍脑门，我挺喜欢汪聪的，给她500万元，制片人说那样的话我这个预算做不了，你多批我预算吧，然后老板再拍脑门，多批你预算。**完了，这不是生意，这已经变成人情了，不是生意，不是商业法则。院线跟制片公司这个问题是一模一样的。**就是院线也是我们公司的，我们公司拍一烂戏，高晓松拍的，你说你放不放吧，你放，两个人看，可是院线经理在老板那儿是有指标的，每天都得出产多少票房。现在院线经理在中国更严格，连续三天上座率低于多少，就开始扣奖金了，连续一个礼拜上座率低于这个，直接就Fire（开除）你了。然后你拿了合约来，说我是签了这个来工作的，你非让放高晓松拍的烂戏，一场就两个人看，我能怎么办？你要让我完成，对不起，我就要放《泰囧》，怎么办？你让我放《王的盛宴》，我不放，上座率不行就完不成指标，就这么

△ 说白了，不管是家庭、公司、行业，还是国家民族，都不能打内战，得一致对外，才能繁荣富强。

第八期 · 好莱坞启示录　　胡淑芬点评

简单。《王的盛宴》是星美拍的，星美自己也有院线，但星美最后也得放《泰囧》，虽然那是光线拍的，可《泰囧》上座率高啊，影院可以赚钱的。

院线、制片和经纪，是一定要分开的，这在好莱坞已经清楚地分成了十大经纪公司，最大的是 CAA，然后是 William Morris Agency（威廉·莫里斯）、Gersh Agency（格什局）等。十大经纪公司，牵扯着所有的导演、编剧、演员，他们开发项目，然后去拿给制片公司，比如华纳。当然华纳接到的项目也有可能只是剧本，之后华纳再到经纪公司去找相配的合伙人，但这种情况是很少的，很多时候都是经纪公司配好的，尤其是 Franchise Movie，就是系列电影，比如《蜘蛛侠》《蝙蝠侠》和《007》，那版权都不在经纪公司手里，也不在华纳手里，《蜘蛛侠》《蝙蝠侠》都在 Marvel（漫威）手里，《007》在英国几个富二代手里，就是人家已经把导演找好了，剧本也写好了，所以制片公司接到项目，只要做就好了。

一个电影怎样才能开机呢？它是这样。好莱坞的公司是分成三线的，第一线

△ 简单来说，美国是电影工业，中国是电影手工业。

公司，原来叫八大现在是六大，这几大吧，拍的电影都是Global Movie，就是全球电影。它们是很保守的，且产量很大，像华纳一年产45部电影，相当于每周一部（一年共52周），光拍脑门决策是不行的。还是以华纳为例子。华纳是这样一个管理体制，它有8个VP（副总裁），这8个VP中有7个，每个人手里都有几部戏的预算，但是他们不能决定剧本，所有的剧本都在第8个VP那儿过，但他手里又没钱，不能说这个剧本好就拍了，他下面又有几级，分管不同的事情。第一个人就数页数，有一个叫Final draft（影视编剧软件）的软件，特别有意思，用它写出来的剧本，就是一页一分钟，最后写完，就是110到130分钟，特别神奇，符合一个商业片的时长要求，太短了不行，太长了也不行。这个人一看130页之内，没太长，没太短，然后就数男女一号分别到不到75场，因为好莱坞一线公司的作品全是明星制，大明星一看我不到75场戏，我才不演这戏，我来给你当配角来啦，那不行。一数男女一号的戏都过75场，之后就交给下一个人查类型，在第一个人这儿就刷掉了一大半剧本。

第二个人是查类型的,他手里有3年的数据,就是六大类型,大类型还分了亚类型,比如恐怖片里还分了心理恐怖和科幻恐怖,喜剧里还分了Sitcom(情景喜剧)和Physical Comedy(动作喜剧),这些类型在这3年内的票房数据是往上走呢,还是往下走呢?平均是多少?他来分析这个。他认为这个类型不错,在类型上他先过关,然后再往下走。

再往下走,就是数事的人,数events(事件),必须要有40到60件事,多了不行,少了也不行。events有严格规定,一个event要从positive(正面)开始,然后到negative(消极的)结束,或者一个event从negative来了,开始绝望得不行,突然曙光来了,从positive结束,这又叫一件事,等于每一个小转折是一件事,要有40到60件。如果一个电影才20件事,每件事都冗长,这不行;或者事太多,什么都没说清楚也不行。然后再往下,一级一级审,全都弄完了以后,再交到第8个VP手里,第8个VP一看是这个类型的,说你是这个的VP吧,你手里有几部预算吧,交给你,你来做吧。**你有权拒绝,可以看完剧本说**

我不拍,我不想拍,但是你拒绝了,你也不能自己去找剧本,你还得从第 8 个 VP 那儿接剧本,反正这一年你得把这几个预算的戏拍了,你最终还得拿他给你的剧本。

△ 这种流程听着可真是无趣,不过只要最后电影出来有趣就行。

接下来就开始选导演,导演是要经过考评的。考评这个导演过去 3 年的总票房和单块银幕单周票房,但是有的导演就想拍艺术片,过去 3 年,他总票房虽然不行,但是他单块银幕单周票房过万美金,依然是牛逼的导演。他们会给你涂颜色,蓝色是一线的,红色就不行了;或者给你打分,有的公司打分,迪士尼就是打分,华纳就是涂颜色。**你 10 年前拍过一个票房 10 亿美金的戏,我不管,我只管最近 3 年的票房,**最近 3 年一看,总票房也不错,单块银幕能过万。单块银幕过万就是说,第一轮铺上去 5000 块银幕,第一周 5000 万票房,就是几千万美金,这就叫单块银幕单周过万。李安的《色·戒》虽然只上了 260 块银幕,但是他单周单块银幕过万了,就是第一周就有两三百万美金票房,所以他还是一线好导演。

△ 照这标准,陈凯歌早应该没戏拍了才对。一部《霸王别姬》吃了这么多年还余威犹存,可见我们中国的投资人和观众比好莱坞有人情味多了。这点儿我们不能跟好莱坞学。

然后演员也是,只看你最近 3 年的票房表现,所以好莱坞的演员片酬变化都特

△ 唉，真的好奇怪啊，我喜欢的尼古拉斯·凯奇，这几年完全自暴自弃恶性循环成烂片王了。好莱坞没有一个"拯救堕落演员工会"吗？想办法救救他啊。

别大。现在片酬最高的是演《暮光之城》的那几个小孩，演《哈利·波特》那几个，以及像 Shia La Beouf（希安·拉博夫），演《变形金刚》的那个小孩。因为那些大明星，虽然名声大，但是最近3年的票房表现可跟这几位小孩不能比，**比如尼古拉斯·凯奇，名声大吧，再一看那片酬……令人唏嘘。** 咱们国家却是越老越值钱，甭管有没有票房，都是一副"老子贵呀"的姿态。但在好莱坞就不行，它只看数据。所以很多老导演，包括我们华人的老导演，在好莱坞原来特别火的，现在都很难拍到戏，就因为近3年的票房数据。当然它最终还有一个绿灯委员会，绿灯委员会里有院线的经理们，有游戏开发的部门总经理（因为游戏也是一大笔收入）一起最后来亮这个绿灯，反正一个项目的正式确立不会由一个人拍脑门决定。

最终亮这个绿灯，有一个硬性的标准，就是三项预收入要超过预算的50%，这个戏才能开机。以一部预算1亿美金的电影为例，华纳自己投5000万美金，首先要去预售这个戏，有演员，有导演就可以预售了，去做Presell（预售）。这个Presell

必须占到这个戏预算的 30%，或者换句话说，一个戏的预算是倒过来推算的，不是导演或者制片人说多少就是多少。怎么倒推呢？就是先预售了多少乘以 3，就是这部电影能不能拍，就看预售结果了。预售结果乘以 3 是一个危险的点，超过这个点，预售方就不行了，所以预售方给你看到这部电影的剧本、导演、演员，说我给你 3000 万美金预售款，其实他心里想的是这部电影大概能卖 1 亿美金，他才会给你 3000 万美金，那你这部电影的预算就不能超过 1 亿美金，否则就很有可能亏本。这是第一项，预售要达标。然后你拿到这 3000 万美金预售款后，马上到银行去贷款，那银行不是一般的银行，是专门给电影贷款的银行，这个贷款的银行会贷给你预售款的 60%，就是你有 3000 万美金预售款和一个预售合同，然后把这个合同抵押给银行，就能贷到 1800 万美金，就是预售额的 60%，于是这部电影的预算就有了 4800 万美金。这是第二项，要能从专门的银行贷到款。第三项是 Tax Credit（抵税额），这相当于我们的商务植入。但是它这个 Tax Credit 主要还是 Location（当地）

给你的退税。就是你去这个州的这个市拍，这个市说，你来我这儿拍，我给你退税，低的州百分之八点几，高的到 30%，大概是这样。这三项加在一起已经超过 50% 了，以最低的 Tax Credit 算，那就是 8%，前两项已经占到总预算的 48% 了，再加上这个 8%，就 50% 多了。这样的话，这部电影的基本收入已经超过了总预算的 50%，可以开机了。

剩下的那 5000 万预算怎么来呢？让大家投，怎么投呢？主要有两种。一种叫挑戏投，就是你说我只投冯小刚的，不投高晓松的。怎么投呢？1 亿美金预算的电影，投 1000 万美金占 10%，投 2000 万美金占 20%。另一种叫 Blind Money（盲投），同样一部电影，你如果闭眼投，投 1000 万美金占 20%，投 2000 万美金占 40%，因为你是占需要投的 5000 万美金的比例，而不是占 1 亿美金的比例，是作为你不挑食给你的褒奖。**闭眼投，赚钱的、赔钱的反正你都投了，于是给你这个比例；如果你挑食，挑着投，那对不起，我怎么预售的，我怎么贷款的，我怎么 Tax Credit 的，跟你没关系，1 亿美金的戏，你就照着这个总比

△ 这一段我真插不上话了，只有学习的份儿。真想把我以前打过交道的电影投资人一个一个拉过来，命令他们都给我好好学学。话说回来，我也遇到过一些从美国学成归来，真心想在中国搞好莱坞模式的中国电影人，但无一不失败。问题不在个人，而是我们的大环境，不仅仅是电影业界，还包括金融环境等众多相关领域。所以，中国电影的落后，有点儿像中国足球，不光是几个场上球员的问题。我们的落后是全方位的。

**例投吧**。主要就这两种，当然其中还有很多复杂极了、细极了的规定，每种情况都不大一样，年签 20 部的跟年签 10 部的就不一样。美林证券曾经出过一份详细的报告，说盲投好莱坞的戏，就是一线 Studio（制片商）的戏，基本上连投 20 部是能持平的，比挑 20 部投要赚得多，你去瞎挑，以为自己懂，毁就毁在以为自己懂电影，以为自己懂剧本，以为自己懂市场，最后挑一部赔一部。实际上一部电影真的做起来，远比这个复杂多了，定预算的情况也远不止这些。像《007》这种铁定赚钱的系列电影，预售的时候就已经有一个特别高的预售金了，所以评估预算没多大必要，基本上制片商自己就全投了，就像冯小刚的电影，都是华谊兄弟自己投的。

挑戏投的，有两种投法，一种叫头上投，一种叫尾上投。头上投，就是自己开发戏。我自己买一个剧本，买一个小说，然后我想请这个导演，到 CAA，到 William Morris Agency 去请，说我想请你们的导演，我请你们的编剧来帮我写好这个剧本，我请你们的演员，都弄好了，然后我付了前半部分的钱，这种钱叫 Pay or

Play。这个 Pay or Play 是很重要的一个原则，在中国最缺失的就是这个环节。Pay or Play，不是我把钱给你，而是我把钱给到保险公司。为什么呢？中国最大的问题，就是拍戏中的不诚信。比如，你是这个戏的投资人，我是制片人，我跟你说葛优演，你投不投吧？你跟我说，好，拿葛优合同来，我投。我跟葛优说，你演这个戏，葛优说，好，拿钱来。我这中间什么也没有，怎么办呢？我说你先给钱，第二天葛优这个人病了，改高晓松演了，那差大了，钱你也给了，你被绑架了。中国大量的电影投资人都是这样被绑架的，先说得好听极了，葛优演，张曼玉演，最后弄着弄着就开始往后退了，咱换这个演员吧，你钱已经给出去了，花了很多用作筹备，没办法了，被绑架了。再有就是演员被绑架，人先签了合同，钱没收到，你拿着葛优的合同再出去忽悠钱去，演员最怕这个，因为我档期已经签了你，我不能去接别的戏，然后你拿着我这个合同到处忽悠，你忽悠着了还好，没忽悠着怎么办呢？我这个档期也不能去接别的戏，所以演员一定要见钱。钱这一方，一定要见演员签字。这个时候就需要一家中介机构来干这个事儿，在美国就是保险公司的第一级保险。**美国保险公司连保三级，第一级就是保 Pay or Play，就是你把钱放到保险公司账上，这边葛优经纪人，或者是 CAA 接到通知说，钱已经在保险公司账上了，那我看剧本，我看完剧本，说同意演，钱从保险公司直接打给你，你就没有那个担心了。**

说白了，Pay or Play 就是我出钱你演，这两件事都在保险公司完成，他说不演，他看完剧本，那只给他看剧本这几个小时的钱，当然也很贵，因为制片人也看了剧本，制片人一小时也很贵。他本人也看了剧本，他本人看剧本更贵，但是再贵也不是把你钱骗走了。只是人家给你账单，说我不演了，你从保险公司的钱里，把我包括我助手这几个小时的工作钱打给我，剩下的钱退回给投资人，这样大家就心里踏实了。中国目前第一缺的就是这个环节，就是 Pay or Play，没有一家中介机构来干这个事儿。保证双方的诚信，始终都是要么演员被骗，要么投资人被绑架，所以大量的戏在这个中间搁浅了，下马了，很倒霉。

保险公司还保下一级，就是超支，这

△ 据说有一个主持人出道前就是这样混的：某天在某场所，看这边坐着崔健，那边坐着齐秦。他走到崔健面前说：齐秦先生想认识您。然后又走到齐秦面前说：崔健先生想认识您。二人都以为这位先生是对方的朋友，三人就一起见面了。从此这位先生就多了两位大腕朋友。这种狐假虎威的故事，用得小，可以交上大腕朋友，用得大，就可以扎钱拍电影啦。

样资金就安全了,资金最怕的,第一是怕被骗,第二是怕超支。一超支可不是超一点儿,一超支超两三倍是经常的,我们这儿有一些著名的超支大户,一拍戏就超支,然后也没办法。但是在美国这个保险公司,超支由保险公司付,所以保险公司审你预算审得很严。而且你必须去买保险,所有工会的人第一条总协议就是,没保险的戏我不来,所以你不买保险,工会的人一个都不来,导演工会也不来导演,编剧工会也不来编剧,演员工会也不来演,保险收你同期银行利率两倍,你同期银行利率3%,它收你6%。你想想,一个1亿美金的戏,好几百万美金给保险公司,但是你避免了1亿美金的戏超支超了2亿美金的风险,2亿美金没关系,保险公司付。保险公司付他也不稀释投资人的股份,我原来投完,我占20%,我是投钱的那一方,他超支了,保险公司付了超支这部分钱,我还是20%。保险公司拿什么抵押呢?不能拿投资人的股权抵押给保险公司,是拿原始制片人,以及原来剧本的版权抵押给保险公司。你是开发方,你拥有相当一部分股权,其他投资人拥有一部分,那你拿你原来这部分抵押给保险公司。这里又牵扯到一个体制问题，原来这部分是怎么计算的，就是所有主流公司的大戏，每部戏都单独注册一个11年度公司，因为11年以后，这个电影基本上已经残余价值很少了，大家直接寄支票就完了。但是这11年里，这个公司自己是有版权资产的，由这个公司去抵押给保险公司，因为你总不能让像华纳这样的总公司去抵押吧。时代华纳整个集团价值1840亿美金，我怎么抵押给你。贷款方也好，保险公司也好，每部电影单独注册一个公司，这个公司原始的资产，就是这部电影的版权，所以拿这一部分的原始版权抵押给保险公司。当这部戏一旦超支，保险公司来付，付了以后，对不起，你开发制片人这部分股权就没有了，抵给保险公司了，保险公司永远不能说把这个电影停了不拍了。再超支，保险公司也得付，因为保险公司跟所有投资人签的协议说，我按照你们交给我的这个剧本——投资人都同意，锁定了这个剧本，交出这个电影，所以超支他一定要付的，他不能说超支我不拍这个电影了，黄那儿了，那不行。但是他可以简单拍，可以不拍得那么好，所以保险公司派的制片人来说，先把那个 Money Shot（花钱的镜头）都拍了，之后他心里就有底了，再超支也就是一点儿说话的戏，超不了多少，然后再去慢慢拍，最多我去花点儿钱把这个补了。所以它是这么来，有点儿违反电影制作规律，导演都希望先拍小戏，先磨合剧组，慢慢再去拍那些重要的戏，因为剧组要磨合嘛。

  光说投资是没意义的，还是总收入比较靠谱。美国电影的票房只占其总收入的 1/4，然后 DVD 的销售和租赁占了一半，然后电视又占了 1/4，所以票房一统计出来，得乘以 4，才是电影的总收入呢。不像我们的票房一出来，就收入这么多了，后边没了。美国是票房若 1 亿美金，那这个电影就是 4 亿美金的收入，所以一到五六亿美金的票房，再乘以 4，那就大了去了。看似很多，最后还是要分成的，就是不同的参与人有不同的分成。比如《007》，我请了 20 多个编剧，挑了一个很好的剧本，导演我也弄好了，演员我也弄好了，我来好莱坞，来 Bid（报价），就是来寻找投标的。这个 Bid 特别狠，叫

72小时Bid，最狠的时候，我往那儿一坐，你们六大电影公司都来，轮流进来，每一家就一小时，每一家我都给讲讲下一个故事是什么，谁演，导演是谁，听懂了，72小时给我出价。72小时，3天出价，然后通常六大不会都去，比如三大来了，两大来了，有时候四大都来了，然后72小时，这四大就开始出价。这时候出价，谁都知道这个电影肯定赚钱，于是怎么出价，我花多少钱拍，我怎么宣发，花多少钱，方案都给你了，我把总收入的70%都留给你，我就要30%。好莱坞这六大质量是差不多的，交给谁拍，都是高质量，不像我们这里，同样一个剧本，有的公司给拍烂了，有的就能拍得特好，还有中间黑预算的，黑预算这个事在美国绝对做不了，因为有保险公司在。看谁给你这个版权方的比例高，最后一个哥们儿拼了说，我也出2亿美金拍，我出2亿美金宣发，然后我怎么怎么着，我第一下就铺7000块银幕，等等，但是我只要20%，80%都归你。这个时候就已经不是他出去找谁投资了，这都是铁定赚钱的，这种Franchise Movie，大概产量占到很小的比例，百分之十几，但是收入却占整个好莱坞一年收入的70%。2012年前10名票房的电影,9个都是Franchise Movie,都是《加勒比海盗》几,《变形金刚》几,《蜘蛛侠》几,《蝙蝠侠》几,前10名票房里,9个都是这样的。在美国,这个是特别典型的28原则,就是两成的戏占80%收入,两成艺人的收入占80%艺人的收入。迈克尔·杰克逊曾经一个人的收入占索尼公司总收入的一半,最后索尼公司没办法了,跟他续约,说给不起钱,给你股份,因此迈克尔·杰克逊占索尼唱片公司一半股权,现在这一半股权由迈克尔·杰克逊的慈善基金会持有。

好莱坞在前期找钱找得那样明晰,比例清楚,所以到分成的时候也没什么疑惑或者拖延,反观我们这边,就太不一样了。在中国,赚钱的电影,投资人立马是拿不着钱的,至少得等个两三年才能拿到。因为电影公司回来钱以后,我投了20%,应该是可以分的,可是电影公司同时开了好几部戏,资金链断了,于是就把我那20%的收入拿去拍戏了。结果导致很多外面的投资人,明明投资这个戏赚钱了,却两年三年分不到钱,电影电视剧都有这个问题，所以我们有一个不强制的措施，叫Collector（收钱专员）。大电影公司没问题，不用Collector就能拿到钱，至于那些小的公司，则不敢保证是拿了我的钱先去拍别的戏去了，所以就共同委托一个第三方收钱机构。这个收钱机构收电影收入的百分之几，然后它跟你签一个合同，直接去院线收钱，去电视台收钱，去DVD那儿收钱，收完钱，按比例直接给你分了。就不会出现这个钱先回到电影公司、制片人公司，然后它再去给你分，这样就有点儿不公平，这也是一个小小的解决措施，在中国挺重要的。

还有一个小地方，我们不太能做到。我们的公司都不够大，而且电影、电视剧是分开在不同的公司拍，但是现在开始集中了，大电影公司也拍很多电视剧。美国是因为电影制作都集中在那几个大的公司里，所以它们自己能协调成良性竞争，怎么叫良性竞争呢？就是暑期不上电视剧，全是大电影。美剧就秋季是长季，大概有十二三集，播放十二三周，它是因为暑期电影之后到圣诞电影档之前，大电影都不上，让给电视剧。在美国生活最明显的就是，春末所有的大广告牌都变成电影广告牌，就是暑期开始准备上的电影。当然这不是说春季档不上电影，只是不上大电影罢了，春季档是留给电视剧的。所以美国的电视剧分成一个长的秋季档，通常你看到十二三集的电视剧，是秋季档电视剧，圣诞电影档之后到暑期电影档之前，有一个春季的电视剧档。美剧分两季上，然后电影是分成大的暑期档，跟大的圣诞、元旦这两个档。好莱坞不像我们，我们是你不行我上，档期意识不强，它就是大片忍着，等到电视剧放完，大家在家把看的电视剧看完再上。所以春季档最后一周的票房冠军，大概都只有两三千万美金。一进暑期档，第一周的票房冠军，过亿前三名的都不一定是冠军，暑期档每周的票房冠军都过亿。然后马上就到暑末，一看，所有广告牌又都变成大美剧，下一季美剧的广告开始来了。然后秋季不上大电影，全上大美剧，就是大的，也是Franchise第几季。这样的放映机制也让美国人养成一种习惯，暑期挺热的，开车出去看电影，然后一到秋季没电影了，都是小电影，就在家看美剧，看了十二三周之后，圣诞档又来了，大电影又开始上了。所以好莱坞的电影制片厂和电视剧制作公司是良性竞争，电影分强弱档上，电视剧也分强弱档上，跟电影正好岔开。

我们今天已经有《泰囧》这样级别票房的电影，一年有3部过亿美金的票房电影。我们在创造上，在拍电影上，已经到了这个规模，可我们的体制跟不上，再往前走的时候，会出现大问题。我们的电影市场越来越大，前景也越来越宽广，体制改革必须及时跟上，要不然真的会扯中国电影后腿的。

第八期·好莱坞启示录　变态辣椒漫画

# 第九期
## 光阴的故事
## ——华语乐坛30年

李皖 点评

华语流行音乐，跟华语其他门类比起来，有一点儿小小的骄傲。据统计，看外国电影的人是多数，外国电影占了60%，中国电影占了40%，而听外语歌曲的人，只差不多占到6%，说明什么呢？说明90%喜欢音乐的人，还是听我们的华语音乐。我心里的华语流行音乐是从邓丽君和刘文正开始的，因为在那之前，也说不上有什么流行音乐，也不知道什么流行音乐，就是晚会上偶尔听一首好听的歌，像《边疆的泉水清又纯》等，这个东西也说不出来它是个流行音乐还是个民族音乐。在这之前听了很多苏联歌，第一次听到有爱情、有人味的歌曲。换句话说，在这之前，听的音乐有的还挺好听，**可是里面没什么和人情有关的东西**，第一次听到了让自己特别痴迷的，就是邓丽君的歌。

之前在拉斯维加斯，我给席琳·迪翁监制一首新歌，在Caesar's Palace（恺撒宫酒店）里看到一张邓丽君的照片，青春无比，应该是1983年左右的,特别感动。然后他们告诉我，这是拉斯维加斯第一次请了一位华人和亚洲的歌手来唱歌。那

△ 邓丽君和刘文正之前，其实有流行音乐，只是大陆人民不知道而已。这些流行音乐还蛮高级，不成体系，突如其来，一不小心就扎人一跟头。你猜出来了，对了，就是外国电影里的插曲。比如，南斯拉夫电影插曲《啊，朋友再见》，罗马尼亚电影《沸腾的生活》的音乐，法意合拍片《佐罗》的插曲，日本电影《追捕》里的"啦呀啦"，电视剧《加里森敢死队》的片头音乐……

第九期·光阴的故事——华语乐坛30年 李皖点评

个时候邓丽君也就二十出头，青春洋溢，眼睛明亮极了。可能现在的人觉得邓丽君不是什么大美女，可是在我们那一代少年心里，邓丽君就是女神。那一次邓丽君唱了两场，每场都爆满，在美国西部居住的所有华人都蜂拥而来。邓丽君对我们那一代人的影响也是巨大的，因为我们第一次听到了歌唱爱情的歌，然后听到的都是那种美好的感情，不像今天的爱情歌曲，听到的都是爱情的愁苦。今天一打开电台、上网，听到的爱情歌曲都是一种痛楚，好像爱情就是一特别难的事儿，死活爱不了。今天的爱情歌曲都是治愈系爱情歌曲，都是安慰你，说算了，没爱也就这么着吧，要去往地老天荒需要多勇敢，好像爱情是一个需要粉身碎骨、玩命的东西。但是在我们成长的时候，听到邓丽君的歌曲可没这么觉得，我们听到的是爱情是人生中最应该的、最天然的、最简单的一件事情，就是我爱你，就特别好、就特别美丽，即便是小城里青梅竹马的爱情，两个人一起去买菜都特别好。那时候我还记得邓丽君有首歌叫《陪我去买菜》，特别有意思。

当时不知道邓丽君会是一个空前绝后的人，因为那时候门缝刚刚开了一点点，吹进来一点点声音，以为外面到处都是这种歌声，我们偶然听到了邓丽君，幸福得不行了。然后我还买了她那个"岛国情歌"系列，因为邓丽君鼎盛时期在日本，她不少代表歌曲都是日本旋律填的中文词，然后还得偷偷听，为什么呢？因为那时候被管教说听邓丽君的歌是一件不健康的事情。我记得一直到我都已经进入唱片行业了，去电台里做节目都还告诉我，不能提"邓丽君"这三个字，那个时候邓丽君的歌被称作靡靡之音，只能在家里偷偷听。

那时候也听到了一个特别漂亮、干净、高亢的男声，叫刘文正。今天大家可能对邓丽君还有记忆，但是对刘文正，年轻人都快不知道了。**刘文正当年应该说跟邓丽君齐名，在台湾算是那一代最大的巨星。**刘文正当年急流勇退，在最辉煌的时候退下去了，这么多年一直传说，在哪儿哪儿看见刘文正了。那个时候的刘文正跟邓丽君是旗鼓相当的，现在

△ 当时有俗语说："男唱刘文正，女唱邓丽君。"刘邓是一切跑场子走穴的地下歌舞表演的金字招牌，招牌一打，小青年们趋之若鹜。

△ 黑胶确实贵。当年我听了六七年唱片，黑胶只买过一张，还是处理品——《郭兰英独唱选》，有一首歌音槽有问题，几处跳线，不能正常播放，售价5元，痛快拿下。塑料薄膜唱片有大小之分，大的五毛，小的三毛，后又有立体声大薄膜，八毛。

回忆起来觉得特别有意思，我听的邓丽君的歌全是磁带，有的还是盗版的磁带，有的干脆就是翻录的，都是我们自己手写的歌名什么的，但是听到刘文正的歌，都是一种今天的人完全没有见过的东西，叫作塑料薄膜唱片。**有一些怀旧的人家里还有唱机，但是大家留的唱片都是那种黑胶大碟，看着很威武，那个东西很贵，那个时候一张黑胶大碟可能要卖十几块钱，而一个工人那时候一个月才挣十几块钱，很少有人有的。**但那时候出来一种五毛钱一张的，非常有意思的半透明的那么一个玩意儿，特别薄，当时听的刘文正歌曲大多都是这种。要是从德国带回来的唱机，基本上都听不了这个，因为德国的东西特精密，我们的塑料薄膜唱片上面的颗粒很粗，听着听着就把唱针拉掉了，得重新把唱针装上再去听。刘文正的高音很好，唱的都是"让我们看云去，才下眉头却上心头"，等等，更多的是少年的那种憧憬，那种干净的心灵这些东西。

所以我们那个时候在邓丽君很单纯的爱情，以及刘文正阳光少年似的音乐熏陶下，觉得人生其实没有那么复杂，只要简单地阳光地成长，做一个追风少年，只要勇敢地去爱，人生就齐了，就是这样。这是我印象中最开始的华语流行音乐。

然后我就觉得迎来了迄今为止最伟大的时代，叫**解冻时代**。在这个时候，积蓄了很久的民间力量开始绽放出来，就像从冰缝里或者从雪山顶上，开出各种各样伟大的花一样，开出了雪莲，开出了怒放的那些东西。当年摇滚乐的巡演叫作《怒放》，这个名字起得特别好，因为那时候我突然间感觉到，两岸有那种隆隆的雷声传来，振聋发聩的声音来了，这就是以我最热爱的，到今天为止我依然觉得是华语流行音乐丰碑的罗大佑和我们的以崔健为代表的声音。当时的声音之响亮，今天没有一个流行音乐家，或者哪一个歌手能够做到，今天大家只能做到在自己粉丝的耳朵里比较响亮。在当时，罗大佑单枪匹马的呐喊，震动了整个台湾社会，而且单枪匹马那么多年，和台湾各种各样的东西战斗，他是一个战士。

今天回头看，他们当时呐喊的那些东

△ 解冻时期，心情快乐。那个时候流行快乐的歌。收音机里、唱机里、砖头机里、人们的嘴巴里，都是快乐的歌，正统歌曲也主要是快乐的歌。偶尔有痛苦的，多为控诉那个刚过去的"冬天"，属于"伤痕文学"的伴生物。流行歌曲反映时代心情，这是个例证。

△ 罗大佑这三张唱片是:《之乎者也》,1982 年;《未来的主人翁》,1983 年;《家》,1984 年。

与晓松感受不同,另有一种说法是,献给台湾的过去、现在和未来的三首歌分别指《亚细亚的孤儿》《现象七十二变》和《未来的主人翁》(均出自罗大佑第二张专辑)。此说源于台湾乐评人马世芳、吴清圣,随 1995 年滚石公司发行的《罗大佑自选集》刊出。

△ 现在,事情过去了 30 年,罗大佑的创作来源才算被看清楚了:第一,他援引了西方摇滚乐的资源;第二,他接续了民歌的传统;第三,他接受了现当代文学,尤其是台湾乡土文学中批判现实主义的助力。

西,震动的那些东西,撬开的那些沉重的东西,其实影响了一代人——我们那些年轻人的心灵,于社会的进展作用并不是很大,但那个时候的呐喊的确很响亮,很响亮。**当时罗大佑的歌有三首是分别献给台湾的过去、现在和未来的**。献给台湾过去的,就是我们那代人都会唱的《鹿港小镇》,"假如你先生来自鹿港小镇",我还从来没有见过华语的歌词是这么写的,上来第一句话就是请问你。罗大佑开创了很多第一次,不光是文化政治意义上的,他的技术也是开创性的。他用华语写的歌词是前所未有的,因为之前的邓丽君、刘文正,还相当于延续了民国时的那种文字方法来写歌词,**罗大佑第一次用了大量崭新的语法来写**,《鹿港小镇》献给台湾的过去,《亚细亚的孤儿》献给台湾的现在,非常好听、沉重的一首歌。大家如果能感同身受,我觉得听歌的时候,一定要经常把自己换位到创作者那个位置去,然后你会特感动。因为台湾那个时候,真的是亚细亚的孤儿,好像是在风中飘荡,未来也不知道去哪里的一个孤儿。写给台湾未来的就是《未来主人翁》,他不希望未来的孩子们都变成电脑儿童,未来的孩子们都怎么怎么样,今天看来,一点儿都没有说错,今天的孩子们确实都成了电脑儿童。而那首歌里,开创性的"就这么飘来飘去"这句词,唱了数十遍之多,但听着却根本不觉得烦,你会一直听,会一直跟着唱"飘来飘去,就这么飘来飘去,飘来飘去,就这么飘来飘去"。我觉得只有大师年代的歌曲,才会最后连续重复数十遍这样的几个字,你还觉得很好,因为它前面三段特别好——**罗大佑特别喜欢写三段歌词,严重影响了我,我后来也很愿意写三大段,其实就是中国传统的赋、比、兴,先赋,然后比,然后兴。**

罗大佑当时有无数歌曲影响了我们,以至于我们在大学草地上骗姑娘的时候,开场曲永远都是唱罗大佑的《恋曲1980》,"姑娘你别哭泣,我俩还在一起,今天的欢乐将是明天永恒的回忆",等等,先把姑娘忽悠住了。然后唱着唱着,每次唱到最后,草地骗姑娘的这个结尾曲,永远都唱《光阴的故事》,《光阴的故事》也是一代人的挽歌。当时唱的时候,觉

△ 感情极真挚,极深厚,极浓烈的时候,就会有这样的词儿出现——喷发出去、挥洒出去,直接地。比如汉乐府民歌的名篇《上邪》:"上邪!我欲与君相知,长命无绝衰。山无陵,江水为竭,冬雷震震,夏雨雪,天地合,乃敢与君绝!"

得原来光阴这么美好，等现在唱的时候，我的光阴真的像他说的那样，改变了我一个人，改变了两个人，改变了我们。然后那些多愁善感的日子，全都被他写进去了。《光阴的故事》是歌曲创作里一个突破性的写法，就是没有赋和比，直接上来就是兴。这个是很难的，一般我们写歌，大部分人写歌都是先要赋，就是写一些细节，比如我和你发生了什么事儿，比如《同桌的你》《睡在我上铺的兄弟》，等等，然后再比，讲个故事，最后兴，"谁娶了多愁善感的你"，这是最标准的，罗大佑很多歌也是这么写的。但是《光阴的故事》上来就是"春天的花开，秋天的风，以及冬天的落阳"，而且一直兴到尾，而且你还不觉得烦，你不觉得没有具象的东西，没有画面感，因为每个人已经用自己的青春填补了它前面的赋和比，然后当它兴的时候，就完全打到你心里了，因为他写得非常准确而美好。

《光阴的故事》还有一个写法，也是后来被无数人学习借鉴的，就是副歌的写法。三段副歌其实词是一样的，只改了两个地方。第一段是"流水它带走了光阴的故事,改变了一个人,就在那多愁善感而初次等待的青春",第二段是"流水它带走了光阴的故事,改变了两个人,就在那多愁善感而初次流泪的青春",最后一段是"流水它带走了光阴的故事,改变了我们,就在那多愁善感而初次回忆的青春"。它开创了在连续反复中,改变中间一两个字,一下子就觉得光阴就这样过去了。就那一点点的改动,却呈现了完全不同的景象,其实是依赖于它这个特别好的结构,当然一点儿改动就变成"等待的青春","流泪的青春"跟"回忆的青春"。**后来我们大批的创作者,也就跟着他写这种有意思的东西,包括它的语法,大长句。**以前中国人的歌曲很少写大长句,就几个字,七个字,九个字,或者骈四俪六,自古韵文的写法,基本上就是那样。

当然罗大佑开创了各种大长句,写起来非常有意思,"为何梦中惊醒处处我看到的你,简直像看到的我自己"。后面也有,到现在我还给人讲,这个太好了,"轻轻问一声是否还要我再等,因为夜已这样深",然后倒过来说,"夜已这样深,

△ 晓松的大长句也是缠缠绵绵、兜兜转转,特别有才华。我尤其喜欢《白衣飘飘的年代》《久违的事》《李娜》,"李娜/在宿舍窗前听我唱歌的李娜/我曾写过一首英文歌叫Lina/去杭州的火车上哭泣的李娜/开学时剪了头发的李娜",相似词句不断反复回旋,情感不断滋长加深,特别罗大佑。尤其是那长乐句,充满流转不息的罗氏长风。大长句在音乐上的作用尤胜于词,在节奏上有一种重音不分明的,音与音、情与情连绵不尽的效果,《青春无悔》《久违的事》的原版钢琴,难倒多少扒带英雄啊,有的人弹来弹去就是找不准拍子。

△ 这里引用的句子,均出自《沉默的表示》,即陈淑桦演唱的《无言的表示》,后经罗大佑修改部分歌词重新演唱。歌曲创作于1987年,当年大佑定居于香港,除了为电影配乐之

外,创作的歌曲仅出版了两首,此为其一。大佑不少歌曲都有一种沉吟的特质,这首歌更是沉吟至深。只有陷入极深的人,才能体会,才能感受这里的颠三倒四、反反复复,是多么真挚的一种心境沉陷。

轻轻我想问一声,是否还要我再等"。再倒过来,"是否我要等,轻轻我想问一声,因为夜已这样深"。就是他开创了把华语这个词和流行音乐结合的、各种各样的可能性,而且这些东西看着还不像古代的那种无聊的人去炫个技什么的,而是承载了很多东西——整个那个时代的声音,人和人之间的那种最神圣的那种追求和信仰。那些歌里充满了那种信仰,同时又在技术上做了大量的探索跟创新,包括用电吉他,因为那之前很少用电吉他,听邓丽君的歌,都是管弦乐那样的,而罗大佑则用了大量西方的那种东西,包括摇滚乐的元素,Ragge(雷鬼)的元素,等等。

其实讲流行音乐写作,只拿罗大佑一个人,基本上就可以讲出流行乐写作各种各样的技巧,包括后来大家公认的夕爷——林夕,最开始也是跟着罗大佑工作。然后罗大佑到香港去发展的时候,他的那些粤语歌的歌词,大量都是林夕帮着填的,当然也是罗大佑有了基本的想法,因为罗大佑粤语不够好,林夕填,包括《皇后大道东》那些歌,林夕后来也终成一代大师。

　　总而言之，罗大佑在整个华语流行音乐上创造的高度，从内容到形式，就是从艺到术吧，都是无与伦比的，唯一小小的缺陷就是他本人的嗓子不够好。可是有一点也很奇怪，他嗓子不够好，你听他自己唱的那些歌，他每一首歌一定有一两个地方是音不准的，可是你又不觉得他有什么问题，所以可见这个音要准或者嗓音要怎么怎么样，其实是第二位的，因为他自己写的歌，他自己完全心里头充满了对它那种契合、默契。其实很多嗓子特别好的人唱过罗大佑的歌，但是我觉得都没有罗大佑本人唱得好，比如我听周华健唱过《家II》，"给我个温暖的陷阱和一个燃烧的爱情，让我这出门的背影，有个想找到家的憧憬"，其实周华健的嗓子特别好，但是他唱出来就觉得不是罗大佑那个味道。所以唱歌，我觉得体现出来的那种情感和味道是第一位的，那些具体的细枝末节，什么走不走音啊——当然你别走得太远了——都是第二位的。到今天我听罗大佑的歌，还是要听他自己唱的，除了一些个别的女声歌,像《海上花》这种的,他给电影写的歌,我觉得还能听女声,其他的还是要听罗大佑自己唱的。

我大学一年级时参加学校的会演,得了第一名,奖品是一本雪莱的诗集;今年我去参加清华的歌手大奖赛,奖品是一部手机,有人赞助的手机。我当时还想,这个变迁是巨大的,那个时候也没有赞助商什么的,就是奖一本雪莱的诗集,当然就觉得特别幸福。当时我唱的就是罗大佑发表较早的一首歌,叫**《闪亮的日子》**,今天听起来还是依然觉得很美好,"你我为了理想,历尽了艰苦,我们曾经哭泣,也曾共同欢笑,但愿你还记得,永远记着我们曾经拥有闪亮的日子"。今天来听他的歌,觉得充满了非凡的意义。

我是后来不管怎么认识他,也从来不敢在他面前聊音乐,包括崔健,我也从来不敢跟老崔聊音乐,因为他跟崔健是我少年时最大的偶像。有一天我最幸福,就是我们大家都喝多了,然后在一个酒吧里,罗大佑冲到台上去,唱起了歌,然后我和张亚东两个人到台上去给他伴

△ 据滚石公司在《情歌罗大佑》发行时整理的罗大佑创作年表,大佑发表的第一首作品是《歌》,根据徐志摩的译诗谱曲,发表于1974年;1976年发表《神话》;1977年发表《闪亮的日子》,三首均为电影《闪亮的日子》插曲。为什么同一部电影中的三首插曲在发表时有此4年差异,详情不得而知。

奏，亚东弹键盘，我弹吉他，我们都会弹罗大佑所有的歌，然后他就在那儿唱，我在旁边弹琴，心里充满了美好。有一天，你抱着一把琴，坐在你少年时偶像的身边，为那些曾经深度地影响了你成长的那些歌曲伴奏，那种美好是无与伦比的。

讲到罗大佑，同时就必须讲到老崔——崔健。老崔是我们大陆流行音乐无人超越的一面大旗，到今天为止，我也是这么认为。他和罗大佑有一个共同的地方，就是他们两个不但是文化意义上、政治意义上的那种旗帜，还在技术上做了很多创新并立下了规矩和标杆，这才能叫大师。唱带有政治意义歌曲的歌手其实有很多，台湾现在也有很多，大陆现在也很多，就是讽刺社会呀，呐喊一下，但是他们在流行音乐技术上没有那种突破性的贡献。我猜老崔的政治和文化意义我都不用讲，大家都知道，老崔在流行音乐技术上的贡献是完全可以载入史册的。**老崔创造了另一套范式，首先他创造了一种唱法，这种唱法，在老崔之前，在台湾，在大陆，在华语的流行音乐史上都没有，他这种唱法，叫作模糊了押**

△ 当普通话成了歌曲的标准发音，崔健发明了普通话的地方口音，这是他能押上那些似乎押不上的韵的一个关键。崔健的口音，有时是北京话，有时是北方土话，那种土啦巴叽的尾音把原来的韵母给含糊了，含糊成了另外的色调。另外，正像这里高晓松举的例子，崔健其实有他解决押韵问题的特殊办法。《一块红布》第一段，头尾韵中间有其他韵，而且押得特别密集，解决了两个韵之间的过渡问题。这些中间韵是：那天/……/蒙住我双眼/也蒙住了天；你问我看见了什么/我说我看见了……

**韵的意义**。这个是非常有意思的,他用一种独特的、有风格的唱法,使他想怎么发这个音就怎么发这个音,所以他写的歌词,经常会不押韵,"那天你用一块红布,蒙住我双眼也蒙住了天,你问我看到了什么,我说我看到了幸福"。他唱出来的时候,更有意思,因为他的唱法很独特。他把很多的音按照他自己的风格去发,尤其在重音方面,导致听起来特别顺畅。然后他的音乐也非常有特点,他第一次大规模引进了 Ragge(雷鬼)这种流行音乐方式,在他之前的摇滚,不能叫摇滚了,只能叫有电吉他,他来了以后,用一种呐喊的方式,真的是摇滚起来了,包括写的歌词的文学水准,都非常高。我最爱的几个,比如《花房姑娘》,"你问我要去向何方,我指着大海的方向",然后"你说我世上最坚强,我说你世上最善良"。他的音乐最根本性的地方,是写到了人的内心最深处,而不是简单的爱情。老崔的歌里有爱情,老崔歌里的爱情是双关的,你可以把它听成爱情歌曲,也可以听成他对一个时代的情感,或者对国家的情感,或者对人民的情感,比如《花房姑娘》，或者《一块红布》这样的歌，你说他写的是什么？你可以说是爱情，也可以说完全不是爱情。**我觉得写作到了很高端的时候才能做到，就是不同的人有不同的理解，怎么理解都觉得很贴切。**

他的头两张专辑是我们那个时候最钟爱的。我记得那时候我们在草地上唱各种各样的歌，大家就疯唱老崔的歌，而且以谁能搞到一首大伙儿都没听过的老崔的歌为极大的光荣，然后说我给大家唱一首你们都没听过的老崔的歌。大家可能很少听到老崔最开始的一张唱片《浪子归》，我一直管这张唱片叫《一泓清水》。因为我一直没见过这张唱片的封面，我们都是从翻录了无数次的磁带里听到那张唱片的词，大部分是我师父黄小茂填的，"我长久离你在远方，积存了许多话要对你讲""又推开这扇篱笆小门，今天我归回"，等等。老崔的曲，小茂的词，那时候在坊间，在我们这些热爱他们的人中盛传这张专辑。这张专辑据说就是在录音棚里面，大概用了六七天的时间，老崔在里面跟乐队一块玩，玩出一个结

△ 台湾歌词学者胡又天有一个富有启发性的观察角度，称之为"美人家国"传统。在他看来，罗大佑、崔健都是一根瓜脉上的，种瓜者是屈原。他的原话是这样："流行歌曲中，继承了《楚辞》以来'美人家国'传统者，一个罗大佑，一个崔健。所谓'美人家国'，是将君王比作'美人'，写自己的苦恋；于是男女之爱（也未必限于男女）和家国之恨，交相纠结，感发出各种深远宏阔的天问，问天问地，也问自己。认识中国与中国人愈深，对此曲的感触就会更多。而老崔可敬就在他还是义无反顾要继续和他相与下去，这便足以激励一代又一代人。"

构、一个旋律,然后我黄师父,就在门口蹲着往里填词。不像今天这样,大家约一堆歌来了,约人编曲,然后到棚里唱完就走了,然后在那儿修。他们是在棚里头,据传是这样一起玩出来的。那张唱片我特别喜欢,听了无数遍,在大学草地上也唱了很多次。

崔健影响了我们一代年轻人,以至于我们开始拿起吉他,拿起鼓槌,拿起贝斯的时候,人人都搞摇滚乐,包括那个时候组成的青铜器乐队,也是重金属,弄摇滚乐。我偷偷摸摸写了一首《同桌的你》,都不敢给大家唱,因为那时候自己完全不符合长发男生应该有的那种风范,就是那种,排练完了以后,累得不得了,还坐在那儿,抱把木吉他,说各位,我给大家唱两首骚柔的歌曲,又骚又柔。后来校园民谣在20世纪90年代——1994年、1995年,造成高潮的时候,我经常到处说,其实我们给了大家一个错误的印象,就是80年代的大学生好像都是唱《同桌的你》《睡在我上铺的兄弟》这些歌曲的,都是些骚柔的歌,其实不是。那个时候是摇滚乐的天下,像我们那种骚柔的歌很少，包括我们自己写的也主要都是摇滚乐，只是偷偷摸摸地写一点儿那种骚柔的歌曲。在老崔的带动下，那个时候诞生了"光芒万丈"的大陆摇滚乐，也是大陆的音乐最开始能倒着影响到港台的时候。流行音乐一直到今天，还是以台湾为主，主要的工业化的流行音乐，是由港台来生产的，而大陆的这种"人文化"的流行音乐，也始终只是在某一个点上还能跟港台的过过手，不能称之为抗衡，就是不丢人吧，那时我们还没有工业化的包装。

那一代摇滚乐是非常伟大的。我还记得那个时候大家都很穷，我们排练，三个乐队用一套乐器，"青铜器"跟"黑豹"，还有当时叫"呼吸"后来改名叫"超载"的，以高旗为首的这个乐队，我们一起在中国政法大学的一个传达室里，用一套乐器排练。我还记得在那儿听他们写歌，"人潮人海中"（黑豹的《无地自容》）最开始写的时候特别有意思，全都是用脏话写的，但唱出来就播不了，后来才填进去有意思的词儿。那个时候大家对流行音乐怀着一种神圣的信仰，只要听到一个好的,就到处传诵,看到来一个好人,都去围观。我还记得有一次听到臧天朔的《心的祈祷》,词也是我黄师傅写的。有一个同学夜里一点钟敲我的门,那个时候没有互联网、彩铃什么的,他听了一首好听的歌,他就背下来了,然后敲我门。我说什么事儿,他说你出来,到院子里我给你唱首歌,我就走出来。他就开始在院子里给我唱,"我祈祷那没有痛苦的爱",我当时听了都傻了,我说这歌词写得真好。

那时就是这样,看到一个好的,就恨不得天天围着这人转。我还上大学的时候,听说来了一个叫张楚的人,他的音乐传遍了我们大学弹琴唱歌的圈子。那个时代的大学还留着唐宋时代的遗风,还愿意养文人,养流行音乐家。我记得那时候清华里就养了很多,当时的诗人,像俞心焦也都住在清华,张楚来的时候也住在清华,住在北大,住在中戏。**那时候大家都很清贫,但反而愿意养**,不像今天,今天流行音乐要他一分钱,说听歌要钱,他就说,我们老百姓都已经穷成这样了,房子都买不起,你还让我

△ 那是一个出奇人的年代。因为封闭,奇人憋好几年攒足了劲,才露出一小头,一出惊世。等商业一繁荣,网络一泛滥,奇人没有了,人人都在人群中,有点儿奇才也不会奇到哪儿去。当时有对才华的敬重。现在缺才华,也缺敬重。

们听音乐给钱,你要不要脸。那个时候大家很清贫,一个月几十块钱,但是大家很愿意一起来养这些流行音乐家。张楚刚从西安来北京的时候,住在清华,到晚上,还有老一代的音乐家煮了几个鸡蛋到学校来,说不知道张楚吃没吃晚饭,在家煮了几个鸡蛋来给他。我那个时候在街上,正在走路,旁边人跟我说,那个人就是张楚,那个时候张楚还没发表过任何唱片,就在我们那个圈子里流传,我立即就飞奔回去追他。然后我说张楚,我特别喜欢你,我们就一起到了一个屋里,大家都抱一起,然后开始唱歌。他来北京的时候,最开始带来两首歌,一首《西出阳关》,一首《姐姐》,然后唱得大家都那种——哇!觉得太美了。

　　之后许巍来的时候,印象也特别深,那是在平安里的一个录音棚里见到他的。大家说,西安又来一个人,叫许巍,然后大家全都跑到那个棚里去,包括当时仅有的几个唱片公司的人,在那儿录他的小样,我们全体都站在录音棚里听。他当时带了两首歌来,一首《两天》,一首《执着》。然后他用他那种苍凉的大嗓

△ 饕餮症产生于饥饿。中国人告别贫瘠后，精神食粮从无到有，从有到多，从多到爆——在一个可获取的音乐资源无穷无尽的年代，这种热情再也回不来了。

子唱起了《执着》，大家听了，哇！好美好美！那是一个特别美好的年代。**就是媒体也很美好，那个时候的媒体和大家全都是一拨人，就是一起弹琴唱歌，一起喝酒谈音乐，然后一起坐在那儿看外国的演唱会，看得汗毛倒竖。**听的唱片之多，今天的音乐记者全加一起，都没有那个时候的一个人多。然后他们在报纸上、电台里，对每张唱片都怀着那种热爱的心情推广，包括他们说出来的那种语言，今天已经完全成为一种是不是真实存在的都不敢说的美好记忆。

台湾那时候也是，台湾那时候由于有了罗大佑，诞生了热爱音乐的老板们，那时候滚石的段钟潭、吴楚楚、彭国华三位老板真是非常了不起的人物。滚石音乐是我们那代人，包括到今天也是华语音乐最大的旗帜。我还记得我们每个人的墙上都贴着一张滚石的海报，滚石所有的歌手全在上面，每个人戴一墨镜，特别酷，全叉着手，有人坐在地上，有人蹲着，有人站着，上面有一行字：在台湾，每一家唱片公司都在深夜聆听滚石的音乐。我当时觉得牛呀，因为它说的是每家唱片公司都在深夜聆听滚石的音乐，白天是竞争对手，夜里你也得听。那些人在那儿站着，那些人都是什么人，罗大佑这样，李宗盛这样，所以牛啊！

我记得李宗盛的《生命中的精灵》，也是对整个华语流行音乐写作起到巨大推动作用的。他那种唱法、写法，还有那种和弦的编法等，后来也成为了台湾流行音乐的标志。李宗盛刚出来的时候，那些东西都是特别新鲜、漂亮的。在我们行业里叫他大哥，大家就知道说的是李宗盛，不用说李大哥，在电影行业里说到大哥，大家都知道说的是成龙。这两位大哥代表了华语文化重要的山头，音乐以台湾为首，电影以香港为首。继续说滚石那张海报，上面也有齐秦。齐秦对我们那一代人的吉他起到空前的作用，因为那些唱片里的木吉他是最明显和漂亮的。**那个时候齐秦才貌双全，嗓音又漂亮，几乎是鹤立鸡群，每个人都弹着齐秦的那些木吉他。**我还记得《冬雨》或者《外面的世界》的前奏，每个人都能弹。海报上还有齐秦的姐姐齐豫，站在旁边。齐豫那张唱片《骆驼·飞鸟·鱼》，至少

△ 齐秦从小众到大众的扩散速度极快，引进版也出得早，仅一两年就在全国爆炸开来。这跟李宗盛是不同的。当时木吉他弹唱在校园中风行，齐秦那几首歌的编配非常高段位，唱得又漂亮，一下就把大家给震住了，成为模仿和学习的对象。

名列台湾最伟大的唱片前十名,也是滚石出品的标杆性唱片。齐豫凭着她那种空灵美好的嗓音,还能唱英文歌、法文歌,尤其晚上听齐豫的歌,有一种特别辽阔悠远的感觉。那个时代流行音乐给人的感觉,不是今天消遣性的,玩一玩。那时候的十大流行音乐,被两岸三地的音乐家,一起努力提升到了完全和电影、文学、绘画、戏剧同一个高度,那个时代流行音乐承载了时代的呐喊,也承载了每个人的心情,是毫不逊色于其他文艺类型的。

今天的流行音乐,好像在人们的心里没有电影、文学那么有高度,但是那个时候不一样。滚石代表了当时台湾最美好的音乐,今天回头看,也代表了台湾流行音乐最伟大的时代。后来滚石的老板们分开了,吴楚楚跟彭国华又创办了台湾另一家伟大的唱片公司——飞碟,当时飞碟的口号是"飞碟群星耀亚洲",飞碟里面有苏芮、王杰等大批优秀的歌手。苏芮也是台湾标杆性的歌手,邓丽君、刘文正之后,发出第一声电闪雷鸣般振聋发聩的唱片是《搭错车》。当时年轻的罗大佑在里面写了《是否》，由苏芮唱，梁弘志写了《一样的月光》，侯德健写了《酒干倘卖无》，等等，在那一张唱片里，在那一部电影里——《搭错车》。有一天，我跟苏芮一起做节目，还讲到这张唱片，我说你是最幸福的人，因为你把台湾当年那一代才华横溢的音乐家的歌全给唱了。后来飞碟又卖给了华纳，彭国华从飞碟出来创办了风华音乐，张惠妹就是风华做出来的歌手。

　　流行音乐最重要的，不光是这些音乐家、歌手，那些有理想，有梦想的老板们，也举足轻重。如果老板纯粹是商人，或者像我们以前文工团、电视台这种体制，是没办法做出创新性、标杆性的东西来的。当然我们这边也做了很多努力，包括我跟我师兄宋柯也做了麦田音乐，绵延了十几年。然后从麦田开始，到华纳的麦田，太合麦田，我们也希望能一直怀着有良心的这种态度来做音乐，包括我们做的朴树、叶蓓，等等，包括麦田后来收购了红星音乐，也吸纳了红星音乐最早的田震、郑钧、许巍等。当时麦田跟红星算是大陆最有追求的两家唱片公司，分别做民谣跟摇滚，但是现在合并成一家了，都在太合麦田。虽然我们没能做成港台那样大规模的工业化的流行音乐，但是我们至少有一些独立的厂牌，努力把大陆的人才留住，让大陆的流行音乐得以保留和延续，虽然不是一条线或者一个面地发展。

做摇滚的厂牌除了红星以外，还有摩登天空，摩登天空也有15年了，麦田音乐已经有十六七年了。大陆最早的唱片公司，大概也只有20年历史，从1992年才开始有，最早的两家就是正大跟大地。大地做了我们的校园民谣系列，我的那些作品，就是在大地发表的；当时只有两家唱片公司，我们最开始想要送到正大，我还记得正大的音乐总监是台湾来的叫孙仪，他写了《月亮代表我的心》的歌词，说这样的词怎么能写到歌词里呢，什么什么半块橡皮，这不行。可是拿到大地，他们就特喜欢，就说明音乐没有一个客观的标准。大地当时的总监，就是我师父黄小茂特别喜欢，在那里开始发表了，于是我们也来到这个行业。

我们给大陆流行音乐也算做了一些

小小的贡献,也是我到今天为止很欣慰的地方。我在2012年开始做自己作品的巡回音乐会,每当看到万人体育馆里,齐唱自己的好多作品的时候,看到大家一起流泪、怀念起有这些歌陪伴的青春的时候,我自己也觉得流行音乐是很美好的。它陪伴我们度过了成长和青春、爱情,某一天的夕阳,或者某一个早晨的泪水,让我们觉得特别欣慰。每当看到这种情景的时候,就觉得我可以原谅自己了吧。**其实我特别感谢流行音乐,每一个年轻人的成长,有可能有的人没有电影的陪伴,有的人没有文学的陪伴,但是这个世界上没有一个年轻人的成长没有流行音乐陪伴,这是一个伟大的事业。** 不管今天它改名叫娱乐业也好,叫作什么也好,大家还是会努力做下去。虽然今天已经远远不是那个黄金年代了,但是我猜下一个黄金年代还会来,还会有一大批优秀的音乐家、年轻人,以及一大批优秀作品陪伴我们成长。

△ 音乐无门槛,有人唱、有人播,可能你就听到了,还可能就被打动了,成为那一个时空中永远的回忆。流行音乐的这一点,确实特别。

30年前，邓丽君和刘文正的天籁之音初次为大陆人所闻，可谓"三观尽毁"。

邓丽君和刘文正的歌单纯而感染力强大，积蓄已久的民间力量，也于此时解冻爆发。

华语流行乐的丰碑：罗大佑和崔健，今天没有一个流行歌手能够做到。

罗大佑、崔健、黑豹、臧天朔、张楚、许巍、李宗盛、齐秦、齐豫、苏芮、王杰、张惠妹、朴树、田震、郑钧、Beyond等巨星共同造就了一个音乐的黄金时代。

第九期·光阴的故事——华语乐坛30年　变态辣椒漫画

第十期
《晓说》季外篇

有些朋友看我在《晓说》里讲到的内容五花八门，就问我怎么知道那么多东西，尤其是航母这些高端的知识。其实最重要的，还是兴趣。打个比方，一个女孩儿，她虽然记不住飞机航母的型号，可是她记得住她男朋友所有的前女友，前女友的生日，前女友的血型，前女友做过的事情，前女友给他买的那双鞋，哪天要是男朋友穿上了，这女孩马上说，你为什么要穿你前女友买的那双鞋。所以，你focus（关注）在哪件事情上，你就会记住哪件事。你爱这个男的，你就把他所有的往事全记住了。你不喜欢飞机航母，你就记不住。

　　其实还有个特常见的例子，大家在一个嘈杂的咖啡馆里聊天，隔着三桌有一桌人，说的是你喜欢的话题，你能听见，隔壁那桌其实也在说，音量其实更大，但是他说的是一个你不感兴趣的话题，你就听不见。什么能 stick on your mind（记在心里），全跟你的兴趣有关。音乐也是，你喜欢的音乐，听完了以后，完全都记住了；讨厌的音乐，堵着耳朵都不想听，所以第一个是因为喜欢，第二个是要过临界点。你爱这个男的，要爱过一个临界点，你才会记住他所有前女友的那些事儿,但是对那男的没到那么爱,你才不在乎,你爱跟谁跟谁,跟我没关系。所以这个也一样,你喜欢一件事儿,要喜欢过这个临界点,就是你看的资料要足够多,这样的话,你把所有的那些缝隙都填上的时候,你就记住了。

人为什么记不住事儿?因为这件事儿跟那件事儿之间是没关系的,独立的,你不能联系起来,你就记不住这个事儿。但是如果你把整个体系都已经看过了,就很容易记住。尤其在这个体系上增加的东西,你很容易记住。比如,你已经把从"兰利"号航母开始的所有历代的、英国的、日本的、美国的,甚至法国没建完的,德国没建完的"齐柏林"号航母都已经看过一遍,那最近新下水了一艘航母,你拿"旁光"看都能把它记住,因为航母的整个体系都在你脑海里了。比如告诉你一个数字,它 60000 吨,60000 吨是什么概念?你要是前面不了解,根本不知道这个数字究竟是大还是小,上面有多少架飞机是什么概念,也是不清楚的。其实军事是一个很容易进去的体系,因为它很紧密。它不像历史，历史太浩瀚，军事就这点东西，一共就打过那么些仗，你把那些仗都记在脑子里，其实并不难。然后番号，如果你看多了，也都能记住。

我小时候看《水浒传》《三国演义》，都画过阵图。画阵图的时候，发现《三国演义》能画出阵图，《水浒传》就很难，因为下笔的时候，发现施耐庵胡说八道，他的方向感和距离感巨差，或者说施耐庵不像罗贯中那样行过万里路。看《三国演义》，基本上它里面提到的那个位置、方向，打仗向哪个方向去，然后一夜能走多少里，多少天到什么地方，除了一两个错误的地方外，其他都是对的。包括打仗的时候，你可以画出来，这支军队在这儿。然后画《水浒传》就全乱了。施耐庵整个就是靠脑子胡想写的，一画出来，就发现不对。你有兴趣，就能做这些事情，即便它看起来很难很糟糕，依然能做下去。可能我小时候谈恋爱比较晚，时间比较多，闲在那儿，整天都干这些事儿。有一次，我们家人特别惊奇地发现我拿着一本小册子，在背世界各国的煤产量和钢产量，然后大家说，你有什么毛病，背这干什么？我说我爱屋及乌。其实我的兴趣就是一步一步建立起来的，一开始我就喜欢看地图，后来把各个国家的首都背一遍，再后来就开始了解这个国家的人民、军事，再慢慢就疯了，就开始看这个国家的钢产量、煤产量，后来也就记住了。后来就形成一个习惯，一看数字就记住了。慢慢形成体系以后，对数字基本上都能记住。

还有朋友问这样一个问题：像我这样的人心灵平静吗？他发现随着知识的增长，烦恼也增长了很多，想问问我是不是也这样。

我平静，我觉得平静和知识的关系至少不是线型关系。你一28岁的Ph.D.（博士），上街问一个40多岁的拉三轮车的车夫，会发现他知道很多你不知道的事情，他对人生的那种洞悉，那种透彻，能让你听傻了。为什么呢？因为他用后背看过5000个人，他蹬着那辆三轮，那5000个人在他背后，说过20年的话，他对人生的洞悉，远远超过你一个28岁只面对过3个导师的Ph.D.，所以他也会很平静。到了这个年纪，即使你是个知识分子，你也会比较平静，因为是年纪导致的。所以，平静跟知识没多大关系，但跟年龄有关系。

你平静不平静，原因其实很多，也很复杂，比如有些时候，你会心神不宁，你会很愤怒，其实是因为生理周期的问题，并不是社会这两天变得更坏了，或者周遭的环境变得更糟糕了。还有你成长的过程中，自然会离开家乡，会离开初恋，会离开儿时的朋友，这些自然也会使你情绪波动。你的见识要过你的临界点，这样你的思考能力才能越过临界点，使你又恢复平静。但你要坚持，因为一开始很痛苦，你想很多事儿，你就不平静，你看到这个不平等生气了，看到那个心里起了波澜，所以要坚持积累，到了一定的阶段，你心里突然就通了，就明亮了。

平静有很多条路，有可能是宗教的平静，也有可能是音乐的平静。所谓读书读得越多越平静，你要是坚信这样，那就坚持读下去，读到你读透了，看透了这些事情，你也就变得很平静了，那会儿就只有一两件事儿会让你不平静，绝大多数时候你是平静的。比如我现在，差不多只有一件事儿会让我特别不平静,就是我点错了菜,点了几个菜,没人爱吃,剩了一桌子,那时我就特别不平静。我觉得我作为一个行过万里路,且吃过全世界各国饭的人,怎么会点的菜别人都不爱吃?我就觉得这不合常理,因为这违反了我的常识,就是说,我这么有经验的一个人,居然点错了菜,其他的时候就已经没有什么特别的事情能让我不平静了。当然了,爱情放一边,那个跟知识毫无关系。那个东西来的时候,不平静也是正常的。

在所有"青年"里,我觉得文艺青年是最好的,是个高度评价。文艺青年,首先是有志青年,没有志向的青年,他(她)不会当文艺青年,他(她)会去做一个宅男(宅女),打打电子游戏,然后做点一个人就能做的事情。此外,文艺青年还是有情怀的人,虽然有情怀的人未必都是文艺青年,但能做文艺青年的,基本上都是有情怀的人,而且文艺作品里通常带的不光是技术,它还带了很多理想在里面,尤其是好的文艺作品,带了很多心灵和情怀在里面。你看了那些作品,听了那些音乐,读了那些书,自然就接受了这种理想,这种情调,你就是个有志青年。光要买套房子的,那不是有志青年,是有欲青年。有欲青年和有志青年是有本质不同的,所以文艺青年才是真正的有志青年。

文艺青年分两种,一种是全副武装的文艺青年,比如我,就是我有吉他,我有摄影机,我还有一支笔,一种是赤手空拳的文艺青年,就是爱听音乐,爱看电影,爱读书,但是自己手里没有吉他、摄影机跟笔。那我觉得,你要想做一个真正的文艺青年,不能光做文艺青年爱好者,就是你要手里有琴,手里有摄影机,手里有笔,这样的话,才是一个无坚不摧的文艺青年。因为全副武装,就能突破所有防线。我小时候,在书房里写了特狂妄的8个字,就是"文青翘楚,浪子班头"。我说我的梦想,就是干这8个字,现在想起来很狂妄。

有个朋友说,在外国有很多音乐人,会把他们社会中发生的事件结合到歌曲中来,问我有没有想过在以后的节目中,也采取这样一种形式,把一些知识或者社会事件结合到音乐里面唱出来。外国其实大概只有Hip-Hop和一部分摇滚乐是这样的,也不是什么音乐都能把生活中的事写进去。Hip-Hop 就是这么诞生的，因为 Hip-Hop 最开始就是放学的时候，门口两个小黑人，在那儿把今天学校里发生的事儿跟大家唠叨一遍。谁跟谁在 Date（约会）了，谁跟谁怎么样了，然后发展出这样一种音乐。不是各种音乐都能说社会事件、日常琐事，爵士乐就说不了，爵士乐长长的一大段，就两句歌词，翻来覆去，就唱两句，每个音乐的类型不一样。我自己尝试过，但是署名不是我真名，署的是我的笔名，叫矮大紧。有一系列的歌，在网上可以搜到。我把男文艺青年去捉奸，写成一首 Hip-Hop 歌，而且重金属，叫作《杀了她喂猪》。还有我自己臆想的一个四幕小剧，叫作《彼得堡遗书》，讲俄国革命之后，少了一只左脚的贵族逃亡的这个过程。我们新一代的民谣歌手，有大量的在做这个事情，比如周云蓬，比如李志，比如左小祖咒，但是我们的 Hip-Hop 没有发展起来，主要因为我们这个节奏感，只要一 Hip-Hop 就变成快板了，只要一动起来就成秧歌了，刚"耶耶"两句，就"当哩个当哩个当哩个当"，成秧歌了。Hip-Hop 是有很高技术要求的，不是说几句脏话就是Hip-Hop，也不是批评两句社会就是Hip-Hop，Hip-Hop在技术上是有非常严谨要求的。国内的Hip-Hop唱出来，基本上都是老百姓啊，真高兴啊！当你达不到Hip-Hop那个技术要求的时候，你自己都没兴趣写下去，所以Hip-Hop我们这边没发展起来。

还有人问，我们那代人的情怀和当下这代人的情怀有什么不同。我们那代人的情怀比较大，因为我们老接受那种崇高的教育，从小读各种苏联作品，而且我们那代人在刚改革开放的时候，突然密集地读到了其实应该分成40年来读的东西。但是以前都没有，20世纪80年代以前我们从来没有看到过苏联跟亚非拉之外的作品，包括电影什么，我们只看过一部电影——美国电影《百万英镑》，格里高利·派克演的，是因为批判了资产阶级的虚伪，所以才放映。除此之外，没看过其他美国电影，也没读过美国小说，更没听过迈克尔·杰克逊之类的。所以，我们和现在这一代人有一个大不同，你们是正常的一代，该听什么的时候听什么，该看什么的时候看什么，跟着世界在走。我们是被关在一个魔瓶子里，关了很多年，然后，我们在魔瓶子里发誓说，今天有人把我放出这个魔瓶子，我就要如何如何，突然被放出去了，迎面袭来非常多不曾见过也没听过的东西，那种"突然"的感觉你们是完全不能懂的。80年代那10年，我们听了世界流行音乐100年的音乐，读了第一次世界大战以来几乎所有的书，那时候书都引进得很疯狂。就是大家早就应该读的书没有读到。然后读了那么多的书，听了那么多的音乐，系统地把电影什么都看了。也许并不是那个时代的大师过多，而是我们看到了从第一次世界大战以来所有大师的作品，这些作品密集地在我们年轻的时候出现在我们面前，给了我们巨大的影响。我们那一代人，就是有一些崇高理想，这个是畸形的产物，但是那一代人确实是这样。

　　我们那一代人，真的有那种纵横四海、改造国家的理想，而且勇敢，我们那代人因为单纯，所以勇敢。单纯和勇敢，是伴生的、相辅相成的东西，就是你越单纯，你越勇敢，你越勇敢，你就越单纯。所以我有时候跟年轻人聊天聊不了，他老说，你站着说话不腰疼，其实就是因为他不勇敢,他不勇敢他就不单纯,他越不勇敢就越不单纯,越不单纯想的事儿越多,他就越不勇敢。那个时候出国跟今天不一样,今天出国的大部分是父母有钱,能供得起。现在我在美国看到的年轻留学生,很少有打工的,而他们所有的美国同学全在打工,美国同学家境并不差,那就是美国文化,都在打工,而且普通的美国大学生,要打两到三份工。反观中国留学生,全都不打工,或者说很少有打工的。所以跟我们那代人不一样,我们那代人出国,人人打工,因为没有办法,那一代人家里挣46块钱的是工程师,挣55块钱的是教授,就在那个情况下。当时的汇率是8.3,一个教授挣的钱,差不多相当于7美元,到了美国,你不打工怎么办?你爸一辈子挣的钱,只够你半学期的。所以我们那代人勇敢,出去大家全都刷盘子,女生当保姆也没问题。出去的时候什么都不懂,喝一口美国牛奶都晕,说牛奶原来是这味儿。我还记得我站在超市里,看着那个牙膏,都不知道牙膏怎么开。我以前只见过一种拧开盖的牙膏,然后在超市里看了半天这个牙膏,说教教我,这个怎么打开,都不知道。我们那代人,两个月给家里写封信。那个时候穷到要托人从北京背信纸到美国去。现在好,一天不跟妈妈视频一会儿,微信一会儿,好像都不行。那个时候家里孩子多,反正丢俩都没事儿。那时候,我自己一分钱没有,给我妈打电话,我妈就说,你多大岁数了,20多岁,在一个港口城市,你活不下去吗?

　　大家就是在这样的状态下相爱,相爱就相爱了,老子跟你去,这有什么大不了的。那个时候的户口还很严格,做出选择的代价更大,比今天大得多,但那个时候的人更勇敢,更愿意做这个选择。今天其实代价并不大,什么户口,什么这儿那儿的,代价不大了,大家却都开始算计了,开始算我为你付出这个代价值不值得,等等。那个时候,大家相爱,真的愿意付出一生,结果这一生,不是北京人了,就跟人走了。我自己以前的会计就是这样的,一个北京姑娘,到现在还是天津户口,她爸她妈当时都给她跪下了,她说不行,我得跟他去。现在回想起来,你说你老了,有什么可回忆的。你是回忆你一辈子曾经算过的账,还是回忆你一辈子曾经勇敢做出的选择？也可能是因为我自己是那一代人，我自己当然觉得自己挺好了，当然这只是我片面之词。但是我觉得那一代确实很值得去爱。

第十期·《晓说》季外篇

第十一期
说说心里话

我特别感谢有这么多人喜欢《晓说》，其实一开始我真的没有想到能把这个节目做50多期，当时优酷问我的时候，我说我肚子里的东西，可能能讲个20期吧，20期以后，是不是还有东西讲不知道，结果跟大家聊了这么久。很感谢各位看官，谢谢各位！每一期的评论我都有看，包括优酷里的评论，微博里的评论，也校正了我以前很多的误区、盲点，感谢各方面的专家。对我个人来说，这是一个非常完美的、非常快乐的记忆，也希望带给大家美好的回忆。

我想跟大家说些心里话。就是最开始，我为什么想到做这个节目，而且还挺有热情地把它做下去了。我可能有 Midlife Crisis（中年危机）。不光我，大家都会有。前两天看到美国第一夫人米歇尔·奥巴马也在电视上说，我剪了一个刘海，因为我有中年危机。中年危机这个东西，不管你是最强大国家的第一夫人，还是一个跑江湖卖艺的，都会有。中年危机导致我经常对自己很失望，尤其这几年来，经常坐着想，我在干些什么，有些什么事情是有意义的。然后，就会想起年少时的理想，因为年少时的理想，本来还一直为之奋斗，但是到了中年以后，觉得可能离自己越来越远，现在许多人说要买一套房、挣一些钱，要娶一个什么样的老婆，把日子过成什么样子，好像我们回想起年少的时候，受的不是这样的教育。

我们那一代人，就是差不多60后70后，从小受的教育是叫作长大了要纵横四海，改造国家。因为我们小时候看到那些前辈的大师们，前辈的知识分子们，都在做那些事情，然后自己也怀有那些梦想，当然我们年轻的时候，也曾经去实践过。20多年前，我们读大学的时候，发生过各种各样的事情，我们也曾经努力过，也曾经尽自己最大的热血跟热情去为国家奋斗过。最后大家漂泊四海，虽然是纵横了，却是漂泊四海。我们那一代学生，出国潮是巨大的，我们班差不多有一半以上在国外，中学和大学我们班都差不多有一半以上在国外。看似纵横，实际上却是飘流四海。虽然漂流四海，但没能实现自己的理想，没能改造国家，结果还是挺失望的。

有时午夜梦回，想想自己，还算满腹经纶，为什么就是不能像先辈们那样做出一番杰出的成就呢？我也经常跟我的经纪人讲，我说咱们一年到头都在干些什么呢？我的经纪人也比较同情我，她说我知道我们在挣钱。并不是说挣钱这事儿不好，但是挣钱这件事儿，在一个阶段是有意义的，它能改善生活，能让自己更自由。可当你挣到一定阶段的时候，挣钱又变成一件很没有意义的事情。当然我不是说我多么有钱，只不过我自己欲望也比较低，我不买房炒房，也不买飞机，也不花很多钱，也不整容。所以，就觉得自己在干很多没有意义的事情，再加上自己创造力枯竭，如果像年轻的时候，经常能写出很多美好的音乐来陪伴大家，一站一站地往前走，其实心里也还挺欣慰的。能温暖别人，能抚慰别人的心灵，我也是挺快乐的。当创造力枯竭，一直没有特别有灵感的东西出来的时候，对自己很失望。人在对自己失望的时候，就经常想起年少时的理想，慢慢就想，能做点什么呢？后来正好优酷找到我，说想做一个《晓说》这样的节目，我觉得这是一件挺好的事情，至少我经历了这么多事情，看了这么多年的人间百态，从小也算读书长大，那就跟大家分享这些事情，希望能够影响更多的人。我们这代人的理想可能是实现不了了，但是年轻的一代若能从我的"分享"中获得些帮助，能够从强烈的世俗观念（一定要有一套房子才是完美人生，一定要有一个什么样的职业规划才是人生）中解脱出来，从而由心地找到自己的乐趣，那就功莫大焉了。

《晓说》我讲得看似庞杂，实际上主要集中在文艺和科学两个方面，文艺的偏多些。我个人觉得，这个世界，其实是由科学和文艺两条平行线在共同解释，所以这个世界就夹在中间，这边是科学，那边是文艺。但是这两条平行线的速度不一样，有时候科学快，文艺慢，有时候文艺很快，在科学前面解释了很多东西，科学在后面停滞着。最开始，文艺先解释整个世界，因为那个时候科学发展得很慢，一千年也不发展一点儿。比如太阳是什么，西方说是阿波罗，东方有后羿射日的传说。然后科学追上来，开始解释：太阳其实是核聚变，是无数个核聚变在爆炸，然后产生了太阳这一颗恒星。月亮其实是一颗卫星，然后它其实是因为反光，才会有阴晴圆缺，不是我们文艺解释的那样子。科学进入一个爆发期的时候，基本上破除了以前文艺所解释的整个世界，重新以科学来解释了。

但是到了第一次世界大战，大家又突然发现，科学虽然那么繁荣，但是科学制造出了摧毁这个世界的武器。那时突然出现了坦克、大炮、飞机，许多人因此被杀，每三个年轻人里，就有一个人不见了，另一个人是残废，只有一个人孤独地活着。这个时候发现科学有问题，文艺又开始蓬勃发展。第一次世界大战后，文艺进入一个蓬勃发展期，从文学到绘画到哲学各方面，出现了各种各样的"主义"来解释我们本来以为科学已经解决了的所有问题。这个时期的文艺深深地影响了之后各代从事这方面工作的人。那之后，科学又来了。现在就处在一个科学又超越了文艺的时期，因为文艺把世界的乱象都解释完了以后，突然发现科学不光是工业时代那些东西，进入了信息时代之后，互联网突然又把人们之间固有的那些礼仪、习惯、规则全都打破，变成了跟陌生人之间原来也可以这么紧密地联系，原来这个世界不像以前说的要通过最少比如六层关系，大家才能在一起，信息时代直接就改变了一切，甚至改变了人和人之间的上下级关系。

信息科技一日千里,能做到的事情让人匪夷所思。最开始有电的时候,大家都以为只能点灯用,没想到电还能洗衣服、刮胡子,谁都没想到这些事情。在互联网出现的时候,大家只是觉得,能通信能联络,今天,互联网已经几乎能像电一样,做所有的事情。科学现在开始在前面领跑,文艺又到了停滞时期。所以总的来说,当科学前进的时候,实际是在改善人们的生活;当文艺在前进的时候,实际上是在引领人们的精神;当没有人来引领自己精神的时候,大家就觉得这是一个平庸的年代。为什么没有文艺大师了,为什么没有哲学大师了,实际上只是所处的时代是科学在跑,文艺在歇而已。

人们永远是这样,改善生活并不是真正的最终极的目的,当生活得到一定的满足,人们就会感觉到精神上匮乏,然后感觉到好像付出了很大的代价。其实那不是代价,那是整个历史发展的一个必经阶段。我觉得一定还会有,这一拨科技向前走的时候,一定还会给人类造成一些困扰,甚至比我们曾经见过的困扰还要巨大,这个时候需要做很多科学之外的努力，还会有一代大师出来的，文艺还是会追上科学，会超越它，再次去解释这个世界，解释我们是些什么人，解释已经异化了的人是什么样的。我们现在的人已经和曾经的人不一样了，因为我们在变化。其实我一直不认为人类是在进化，我认为人类是在变化，进化是向好的方向去走，人类是一直在变化，但这个变化是前进了还是后退了，是往左去了还是往右去了，反正总是在变化，所以我觉得，文艺还是会绽放光芒的。

再有就是，我讲了很多历史，当然我不是历史学家，我也远远没有任何理论，虽然我看过各种历史学家的理论书，有按分析的方法去总结的历史，有按归纳的方法去总结的历史，还有无厘头的历史学家，就是从历史中间挑一些碎片，来证明自己无厘头的那种理论，这个是我们学理工科的人非常忍受不了的。因为理工科教育过我们说，不能孤证立论，就是你不能从浩瀚的历史碎片里，挑出两个孤证来证明你的理论，那我立刻可以挑出三个反证来，证明你这个是错的。但由于历史过于浩瀚，尤其是中国历史，那么久远，同样一个理论,都有正面的证据证明你是对的,也有负面的证据证明你是错的。任何一个主义,都可以挑出任何一个碎片来证明这个主义是行得通的。而且,我们接受了一个我觉得很不好的教育——认为历史是镜子。包括我们自己的历史书就叫这个名字——《资治通鉴》,就是所有的镜子都包括在里面。我在美国看到《资治通鉴》的英文名字,笑了,美国人看不懂,因为它叫 Comprehensive Mirror for Aid in Government,就是给政府行政的一个多面镜。其实美国人不认为历史是镜子,历史是镜子,那人类就不前进了。历史很难归纳,因为它各个方向都已经经历过了。美国的历史还算能归纳,因为它特别短,就是事情特别少。

你看历史,总在训诫后人,这个不能做,那个不能想的,什么是应走的道路,该怎么思考。不是由几个人去替这个民族思考,或者几个人翻故纸堆,翻历史,说我们这个民族应该向哪儿去走,是应该向明朝那个方向走,还是宋朝的方向走,还是民国的某一个阶段的方向去走,这都是不对的。一个民族要怎么前进,应该是靠这个国家的民众，这个民族的每一个个体，自己努力地去走。就个体来说，比如你出门走错路，走错路是一件有意思的事情，你走错路，才发现这个世界，如果人们没有走错路，这个世界就不会被发现。这个世界，就是因为每一个人都在走错路，才慢慢被发现的。大家都去走，很多个体都走错过路，这些个体加起来，就不应该再走错路。我觉得一个民族最大的一个可怕的地方，就是它的个体都不出去走，大家都在等着，等着一两个人出去走完了，告诉大家这个道路在哪里。这是一种很可怕的情况，这样的情况，经常会使整个民族都走错路。因为你不能相信一个人出去走，出去看了，然后他回来告诉大家，我们应该去哪里。整个民族，每一个人都勇敢地走一趟，然后那么多的错误加在一起，才能让这个民族少走弯路。

如果我们先去想，什么样是一个好国家，什么样是一个好政府，从这里头来，那还不如大家真的直接面对这个世界，面对这个世界上的各个国家，各个自己的邻居，远处的人也好。一个民族，一个国家和一个人差不多，在今天，都要首先以感受为主，以感受为第一，而不能先用一套理论来指导自己去生活。尤其是我们这个古老的国家，我们这个古老的民族，我们能够世世代代地传下来，是精英治国的传统，而不是由民间来管理这个国家。精英治国一直存在一个问题，就是精英们长于礼仪，而陋于知人心。君子们永远是在说礼仪，希望用礼仪去管理这个国家，而不了解每一个普通人的人心是什么样的。换句话说，你不懂人性，你只是用一套理论管理。这套理论，也许其中有一半是反人性的，有一半是根本没有人能做到的。

我讲了很多期的美国和中国，其实这两个国家的差别，就三点，一个是 norm 跟 truth，中国人追求的是 norm，norm 就是规则。就是说，这个错如果校正它，成本太高，代价太大，咱们就不校正了吧，咱们这样下来就好了。那个错，其实伤害也不大，于是就那样了。但是大家都明白，我们都可以按一种叫潜规则的方式生活，不用把什么事情都搞得很清楚，就是我们这个民族追求的是 norm。美国这个民族就不行，它一定要追求 truth，就是一定要清楚这个东西得是真的，你说的话得是真的，一切都得是真的。因为西方人坚信有一个东西叫 truth，不管它在上帝手里，还是在科学手里，总是有一个 truth 在那里。他们在追求这个，他们不能把这些东西模糊化，一定要弄清楚。犯了错，花再大的代价也要把它校正过来。其实美国校正内战的错误、禁酒令的错误和越战的错误，都花了大量的社会成本，甚至花了整个民族相当长一段时间的成本，但是那也要校正回来。不能说错了就向前看，我们既往不咎了，我们摸着石头过河呢，反正总是要摔两跤，不行那就先停下来，先把这个石头挖了，然后再说。这是我觉得两个民族的一个大不同。

另一个不同是公德跟私德。美国人很重公德，很轻私德，按我们的话说，就是很不孝顺，对儿女没那么好，对兄弟姐妹没那么亲，就更别说表哥表弟了。在美国，同学来借钱，是很奇怪的事情，美国除了战友之间能借钱，因为一起上过战场，那个感情是不一样的，除此之外，是不能借钱的。说外面那么多银行，也有做 Loan（贷款）的，上那儿借去，你怎么上我这儿借钱来了。我们是倒过来，我们是私德极好——极其孝顺，为了父亲母亲，可以付出自己的一切；为了孩子，可以付出自己的一切，double（双倍）都可以；然后为了同学也可以两肋插刀，然后表哥表妹咱也得帮一把，只要是我认识的人，都对他特别好但对不认识的人就特冷漠，即便死在我面前，也跟我没关系。所以正好倒过来，我们是很重私德的民族，公德不行。可能是，我猜"德"这个东西，大概一共这么大容量，要么装这个，要么装那个，不能把两个都兼得。迄今还没看到世界上把两者都兼得的民族。

最后一个不同是，我们由于长期以来的改朝换代，导致每一次改朝换代的新政府都很强大，强大的政府又通过了西方从来没有想象过的那种考试制度——科举制度，把大量的精英全部吸入到政府。而西方只是说，咱家亲戚多生几个孩子，封几个公爵去管一管，然后越来越笨，越来越笨。我们这项制度导致越来越聪明，因为越来越多的精英到政府里了，导致我们的政府非常有创意。自古以来，就是由政府去创意，流落在民间的，基本都不是很精英了，就是认字的恨不得都能进政府，所以民间缺创意。到今天都延续这个传统，创意都是由政府出，政府今天想起这个，明天想起那个，有各种各样的创意。而民间极度匮乏，没有创意。美国这个国家，是因为政府本身就很小，对各种各样的宪法也好，各种法律限制也好，政府不但没什么创意，甚至勇气都很少，就只能按照给你规定的这点事儿，去干这点事儿就完了。而且政府并没有吸引大量的精英进入到政府，因为美国每个州都专门设置了州府，州府是一个远离大城市的小地方，加州州府在一个叫Sacramento（萨克拉门托）的地方，不是洛杉矶，也不是旧金山，伊利诺伊州州府也不是芝加哥，是Springfield（斯普林菲尔德）的一个小村子，纽约州州府也不是纽约，是Albany（奥尔巴尼），一个特别小的小城，所以州府很难吸引大量的精英去，因为我愿意在纽约发展，我愿意在华尔街，我愿意在好莱坞，我愿意在硅谷，你愿意去Sacramento吗？美国的制度并没有把精英全部吸收到政府里去，再加上自古以来，他们靠贵族统治，那民间精英本来也进不了政府，民间就积蓄了大量的创意和能量。这个传统一直延续到今天，就是美国包括西方，都是民间有大量的创意，它各方面的发展，全靠民间推动，而且速度非常快。

其实我个人并没有说我说的都是对的，我只是说，我自己经过这么多年到处跑也好，读书也好，也算是行了万里路，也算读了万卷书，然后，也算见过世界上各种各样的聪明人，然后从他们身上汲取了很多东西，我心里想了这些事情，我来跟大家分享，希望这么多期的《晓说》做下来，大家不光是听到一些有趣的故事，或者是一些好玩的事情，而是慢慢地能够体会到，我们这一代人依然爱这个国家。

当你挣到一定阶段的时候,挣钱就变成一件很没有意义的事情。

在成长过程中,每当迷茫的时候,想想自己不想要什么,就能找到前进的方向了。

这辈子行了万里路,读了万卷书,值了!

应该自己亲身去感受这个日益变化的世界。什么时候读书都可以,30岁也可以读,40岁也可以读,但是行路可不一样。

每个人对自由的追求,或者是对幸福的追求(因为幸福里包含了自由),勇敢去追的时候,很多事情就会改变,就会进步。

图书在版编目（CIP）数据

晓说 .4 / 高晓松著 . —北京：北京联合出版公司，
2014.6（2014.10 重印）（2015.1 重印）
　　ISBN 978-7-5502-3093-4

　　Ⅰ．①晓… Ⅱ．①高… Ⅲ．①随笔－作品集－中国－
当代 Ⅳ．① I267.1

　　中国版本图书馆 CIP 数据核字（2014）第 103609 号

**晓　说 .4**
　　作　　者：高晓松
　　选题策划：铁葫芦图书
　　责任编辑：徐秀琴　宋延涛
　　特约监制：陈　亮
　　特约编辑：叶　青
　　封面设计：刘　凛

北京联合出版公司出版
（北京市西城区德外大街 83 号楼 9 层　100088）
三河市祥达印刷包装有限公司印刷　　新华书店经销
字数 100 千字　880 毫米 ×1230 毫米　1/32　7.25 印张
2014 年 7 月第 1 版　　2015 年 1 月第 3 次印刷
ISBN 978-7-5502-3093-4
定价：32.80 元

未经许可，不得以任何方式复制或抄袭本书部分或全部内容
版权所有，侵权必究
本书若有质量问题，请与本公司图书销售中心联系调换。电话：010-82069336

| 阅读开始了

**铁葫芦**

**《乱时候,穷时候》** 姜淑梅 著

姜淑梅 1937 年生于山东省巨野县,1997 年开始认字,2012 年开始写作,部分文字刊于《读库 1302》《读库 1304》《读库 1306》等。作者讲述了近百年来亲身与闻的民国、抗战及新中国成立后的"乱穷时代"往事,被读者誉为:每个字都"钉"在纸上,每个字都"戳"到心里。著名作家王小妮称作者是中国"最后的讲故事的人"。

**《西部招妻》** 马宏杰 著

近 30 年来,《中国国家地理》摄影师马宏杰持续记录着社会底层人物的真实生存状况,展现扎根于中国乡土的人物故事、风景民俗,其作品曾获"联合国教科文组织亚太地区比赛优秀奖"。《西部招妻》记录了河南残疾人老三和湖北青年刘祥武找媳妇的过程,展现了一个大时代里小人物的酸甜苦辣、悲欢离合。

**《出梁庄记》** 梁鸿 著

历时 2 年,走访 10 余个省市、340 余人,以近 200 万字的图文资料,整理撰写的非虚构作品。他们是中国特色农民,长期远离土地,长期寄居城市,他们对故乡已经陌生,对城市未曾熟悉。他们是中国近 2.5 亿农民工大军的镜子。梁庄与梁庄人的迁徙与命运,中国的细节与经验。看梁庄人走出去的路,看中国农民走出去的过程,看见"看不见"的中国。

**《工厂女孩》** 丁燕 著

在东莞,数百万从乡村奔赴城市的年轻女孩,固定在工厂流水线旁,日夜重复着机械的劳动。2011 年,作者丁燕化装为女工,亲身经历了最真实、最深刻的工厂生活,详细记录了一个个工厂女孩青春、爱情与梦想的萌生与破灭,也是对裹挟了无数人命运的现代工业化模式的追问。

**《正方形的乡愁》** 阮义忠 著

在不断变化的时代,阮义忠着意寻找不变的价值,跋涉于旧日的乡土、温淡的老镇,记录下遇见的每一张纯朴面孔。80 张照片及其背后文字,投递给我们那些已散落无踪的乡愁:成年对童真的乡愁,游子对家园的乡愁,车水马龙的都市对田野农耕的乡愁。

官方微博　http://weibo.com/tiehulu　豆瓣小站　http://site.douban.com/tiehulu
地　　址　北京市朝阳区外馆东街 23 号院,100011

铁 葫 芦

铁肩担道义　葫芦藏好书